高等职业教育精品教材

研学项目设计与实施

主　编　罗芝华
副主编　罗天佑
参　编　崔　鹏　王　斌　王　瑜
　　　　贾　玲　李天柱

北京理工大学出版社
BEIJING INSTITUTE OF TECHNOLOGY PRESS

内 容 提 要

本书作为高等职业教育精品教材，专注于研学项目的设计与实施，内容涵盖创意智能机器人、焊接基础、无人机组装与航拍、短视频创作基础四个主要项目。这些项目不仅为学生提供了理论知识，还通过实操任务，帮助他们掌握各类技术和技能。

本书可作为高等职业院校相关专业的教学用书，也可作为感兴趣人员的参考用书。

版权专有　侵权必究

图书在版编目（CIP）数据

研学项目设计与实施 / 罗芝华主编 . -- 北京：北京理工大学出版社，2024.9.
ISBN 978-7-5763-4061-7
Ⅰ．F590.75
中国国家版本馆 CIP 数据核字第 2024SL8415 号

责任编辑：李　薇	文案编辑：李　薇
责任校对：周瑞红	责任印制：王美丽

出版发行 / 北京理工大学出版社有限责任公司
社　　址 / 北京市丰台区四合庄路 6 号
邮　　编 / 100070
电　　话 /（010）68914026（教材售后服务热线）
　　　　　（010）63726648（课件资源服务热线）
网　　址 / http：//www.bitpress.com.cn
版 印 次 / 2024 年 9 月第 1 版第 1 次印刷
印　　刷 / 河北鑫彩博图印刷有限公司
开　　本 / 787 mm×1092 mm　1/16
印　　张 / 10
字　　数 / 216 千字
定　　价 / 49.00 元

图书出现印装质量问题，请拨打售后服务热线，负责调换

PREFACE 前言

随着社会的发展和科技的进步,传统的教育模式已难以满足当代学生多样化的学习需求。研学教育作为一种创新的教育形式,逐渐成为教育工作者和学校关注的焦点。通过研学项目,学生不仅能够在真实的场景中拓展知识,还能培养创新思维、动手能力和团队合作精神,这对于他们未来的成长和发展至关重要。

本书旨在为研学项目的设计与实施提供全面、系统的指导,尤其是针对创意智能机器人、焊接基础、无人机组装与航拍以及短视频创作基础等实践性强的课程而编写。本书在理论与实践结合的基础上,详细解析了研学项目从构思、设计到实施的全过程,并提供了丰富的案例和操作指南,帮助教育工作者高效地开展研学活动。

在创意智能机器人课程部分,本书结合当前人工智能与信息技术的前沿动态,探讨了如何通过项目式学习激发学生的创新思维和实践能力。

焊接基础课程部分,则重点介绍了基础焊接技能以及焊接工艺在教育中的应用,旨在提升学生的职业技能和操作水平。

无人机组装与航拍课程是近年来备受关注的热门项目,随着无人机技术的普及,如何在研学中有效地引入这一高科技工具,成为教育工作者关注的重点。本书通过系统的理论讲解与实际操作案例,帮助学生掌握无人机的基本组装和航拍技能,培养他们对新技术的兴趣和应用能力。

短视频创作基础课程则结合新媒体的发展趋势,深入探讨如何通过视频创作这一媒介,提升学生的表达能力和创造力。本书不仅涵盖了视频拍摄、剪辑的基本知识,还介绍了创作短视频时的思维方式和表达技巧,帮助学生在新时代的媒介环境中更好地表达自己。

总之,本书希望通过对各类研学项目的深入剖析,为教育工作者提供系统化的指导,助力他们更好地开展研学教育,培养学生的综合素质和实践能力。在此,也期望本书能为广大读者带来有益的启发和帮助,共同推动研学教育的不断进步与创新。

由于编者水平有限,书中难免存在不足之处,敬请各位读者批评指正。

编 者

目录 CONTENTS

项目一　创意智能机器人　　　　　　　　　001
    工作任务导入　　　　　　　　　　　　001
    小组协作与分工　　　　　　　　　　　002
    知识导入　　　　　　　　　　　　　　003
    知识准备　　　　　　　　　　　　　　003
    工作任务实施　　　　　　　　　　　　038
    知识梳理　　　　　　　　　　　　　　040
    评价与总结　　　　　　　　　　　　　042

项目二　焊接基础　　　　　　　　　　　　043
    工作任务导入　　　　　　　　　　　　043
    小组协作与分工　　　　　　　　　　　044
    知识导入　　　　　　　　　　　　　　044
    知识准备　　　　　　　　　　　　　　045
    工作任务实施　　　　　　　　　　　　073
    知识梳理　　　　　　　　　　　　　　074
    评价与总结　　　　　　　　　　　　　076

项目三　无人机组装与航拍　　　　　　　　077
    工作任务导入　　　　　　　　　　　　077
    小组协作与分工　　　　　　　　　　　078
    知识导入　　　　　　　　　　　　　　078
    知识准备　　　　　　　　　　　　　　079
    工作任务实施　　　　　　　　　　　　099
    知识梳理　　　　　　　　　　　　　　102
    评价与总结　　　　　　　　　　　　　104

项目四 短视频创作基础　　　　　　　　　　**105**
　　工作任务导入　　　　　　　　　　　　　　105
　　小组协作与分工　　　　　　　　　　　　　106
　　知识导入　　　　　　　　　　　　　　　　106
　　知识准备　　　　　　　　　　　　　　　　107
　　工作任务实施　　　　　　　　　　　　　　148
　　知识梳理　　　　　　　　　　　　　　　　149
　　评价与总结　　　　　　　　　　　　　　　153

参考文献　　　　　　　　　　　　　　　　　**154**

项目一

创意智能机器人

工作任务导入

	项目一　工作任务书
工作任务意义	随着科技的迅速发展,智能机器人已成为当今社会的热门话题之一。通过对智能机器人技术的研究分析,我们旨在揭示当前智能机器人应用领域存在的机遇与挑战,为学生提供更具前瞻性和实操性的智能机器人课程
客户要求	企业期望通过本课程培养具备制作智能机器人能力的人才,以促进企业的技术创新和业务发展。这些人才将能够熟练掌握智能机器人的设计原理、搭建方法和编程技能,为企业开发出更加创新和实用的智能产品,提升企业在市场中的竞争优势
工作职业特点	1. 创意智能机器人制作职业具有高度的创造性和自由度,从业者可以根据自身兴趣和技能自主决定工作内容与项目方向。 　　2. 制作智能机器人需要从业者具备丰富的创意和对新技术的敏感度,能够吸引用户的注意力和兴趣。 　　3. 智能机器人技术领域变化迅速,从业者需要不断学习和更新知识,保持对行业发展的洞察力和适应能力
工作任务要求	1. 了解人工智能基础知识。 　　2. 了解智能机器人基本原理与组成部分。 　　3. 认识机器人核心主控平台。 　　4. 掌握常见传感器原理与使用方法。 　　5. 学习电路基础知识与简单电路连接方法。 　　6. 编程入门,掌握基础语法与逻辑结构。 　　7. 体验创意制作项目实践,了解智能作品的工作原理与制作流程
工作素质目标	1. 培养学生正确的智能机器人制作态度和价值观,鼓励他们理性看待成就与名誉,不盲目追求虚荣和表面的成功,摒弃以功利和享乐为中心的不良价值观。 　　2. 培养学生对智能机器人制作过程的全面认知和理解,提高他们对项目的整体把握能力,注重安全操作,培养精益求精的工作态度。 　　3. 通过参与丰富的智能机器人项目实践,培养学生坚持不懈、精益求精的工作态度,塑造他们对技术创新的持续热情和探索精神

续表

课前准备及注意事项	课前准备： 1. 创意智能机器人套件。 2. 计算机（安装 Mixly 编程软件）。 注意事项： 1. 元器件接线时请注意区分正负极，请勿接反，以防短路。 2. 严禁带食品、饮料进教室，保持教室清洁、卫生。 3. 严禁在实验室内嬉戏、喧哗、打闹，保持实验室安静。 4. 使用电子类设备时须远离水或其他液体，以防短路。 5. 未经任课教师许可，不得擅自卸载或安装计算机软件。 6. 禁止用实验室计算机设备操作无关学习方面的东西（如玩游戏、看视频等）。 7. 爱护实验室内一切设备设施，严禁擅自移动、拆除、调换任何机器硬件、仪器。使用途中发现问题，应及时报告教师处理。

小组协作与分工

课前：请同学们根据异质分组原则分组协作完成工作任务，并在下表中写出小组内每位同学的专业特长与专业成长点。

组名	成员姓名	专业特长	专业成长点

知识导入

机器人被誉为"制造业皇冠顶端的明珠",其研发、制造、应用是衡量一个国家科技创新和高端制造业水平的重要标志。党中央、国务院高度重视机器人产业发展,将机器人纳入国家科技创新重点领域,大力推动机器人研发创新和产业化应用。

目前,新一轮科技革命和产业变革加速演进,新一代信息技术、生物技术、新能源、新材料等与机器人技术深度融合,机器人产业迎来升级换代、跨越发展的窗口期。世界主要工业发达国家均将机器人作为抢占科技产业竞争的前沿和焦点,加速谋划布局。我国已转向高质量发展阶段,建设现代化经济体系,构筑美好生活新图,迫切需要新兴产业和技术的强力支撑。机器人作为新兴技术的主要载体和现代产业的关键装备,将引领产业数字化发展、智能化升级,不断孕育新产业、新模式、新业态。机器人作为人类生产生活的重要工具和应对人口老龄化的得力助手,将持续推动生产水平提高、生活品质提升,有力促进经济社会可持续发展。

《"十四五"机器人产业发展规划》指出要立足我国各领域高质量发展需求和人民向往美好生活的需要,把握机器人产业发展趋势,提出"到2025年,我国成为全球机器人技术创新策源地、高端制造集聚地和集成应用新高地";并提出2025年的具体目标:"一批机器人核心技术和高端产品取得突破,整机综合指标达到国际先进水平,关键零部件性能和可靠性达到国际同类产品水平。机器人产业营业收入年均增速超过20%。形成一批具有国际竞争力的领军企业及一大批创新能力强、成长性好的专精特新'小巨人'企业,建成3～5个有国际能响力的产业集群。制造业机器人密度实现翻番"(机器人密度是指每万名劳动者中机器人的数量);同时提出"到2035年,我国机器人产业综合实力达到国际领先水平,机器人成为经济发展、人民生活、社会治理的重要组成"。

思考与讨论:
(1) 机器人在人们的生活中有哪些实际应用?对人们的日常生活有何影响?
(2) 学习机器人技术有哪些好处?它能够带来哪些技能和机会?

知识准备

一、走近人工智能

(一) 人工智能的定义与常见应用

人工智能(Artificial Intelligence,AI),就学科概念而言,是计算机科学的一个分支,事实上也应用于机械、控制等工程领域;就其本质而言,是对人类智能的模拟。

人工智能的发展目标是创建拟人、类人乃至超越人的智能系统,其研究的内容包括如何让机器像人一样具有感知、获取知识、储存知识、推理思考、学习、行动等能力。现如今的人工智能系统仍不能全面地模拟人类的智能,但在某些特定的能力上已与人类相似，甚至强于人类。

1. 视觉能力

人工智能在视觉能力上对人类的模拟是当前人工智能技术发展的重点之一，它的技术应用也遍布生活的方方面面。如图 1-1 所示，在智能工厂中，搭载人工智能技术的工业机器人可以更准确地分拣不同类型的物品，帮助智能工业更进一步；在智慧校园中，人脸识别的智能门禁系统可以提升校园的安全；在智能交通中，监控摄像头可以识别开车接打电话等复杂的违章行为，而配备机器视觉系统的自动驾驶出租车已在国内开始试运营。

图 1-1　智能工厂中配备的机械臂

2. 听说能力

人类可以通过言语的交流相互表达与理解意图。在人工智能中，模拟人类听说、语言能力的分支被称为自然语言理解（Natural Language Processing，NLP）。自然语言理解又包含语音识别、语音合成、声纹识别、语义理解、机器翻译等多个子分支。目前典型的应用实例是智能音箱（图 1-2）、自动翻译笔等。

图 1-2　智能音箱

3. 运动能力

人类不仅拥有卓越的头脑，还拥有较强的运动能力。人工智能技术在模拟人类或其他生物的运动能力方面也已进行了充分的尝试。如图 1-3 所示，应用全新技术制造的机器人与机器狗具备极高的运动能力，不仅可以在复杂地形中自主行走，还可以完成一些高难度动作。这些设备适合进入一些人类不便进入或存在危险的地区，现如今主要作为警用或军用设备。

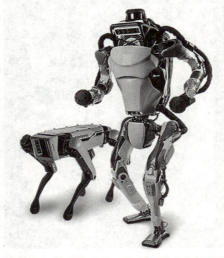

图 1-3 波士顿动力研发的机器人与机器狗

4. 思考能力

人工智能对人类思考能力的模拟往往成为社会关注人工智能发展的热点。如图 1-4 所示，从 1997 年"深蓝"在国际象棋对弈中击败世界冠军卡斯帕罗夫到 2016 年人工智能 AlphaGo 在围棋对决中战胜李世石九段，人工智能每每在策略游戏上的重大突破都标志着它在模拟人类思考能力方面更进一步。人工智能系统不仅能与人类下棋，还能将它的能力应用于医学、法律方面，帮助医生或律师分析病情、整理案例。

图 1-4 AlphaGo 击败李世石

5. 创作能力

诗歌、绘画、音乐等艺术创作是人类灵感涌现的表达形式，而人工智能在这一方面同样也进行了诸多尝试。在学习人类创作方式的基础上，人工智能系统已经能够发展出具备"个人"特色的艺术风格。如图1-5所示，人工智能微软小冰已成功举办了"个人"画展。

图1-5　人工智能微软小冰在画展上展出的画作之一

（二）人工智能的发展历史与现状

人工智能起源于20世纪中叶。艾伦·麦席森·图灵（Alan Mathison Turing）（1912—1954）被誉为"计算机科学之父"（图1-6）。1950年，他提出了著名的图灵测试：人类测试员通过文字与密室里的一台机器和一个人自由对话，如果测试员无法分辨谁是人谁是机器，则参与对话的机器就被认为通过测试。图灵测试在过去数十年一直被广泛认为是测试机器智能的重要标准，对人工智能的发展产生了极为深远的影响。

图1-6　艾伦·麦席森·图灵

图灵测试是人工智能诞生的导火索之一。1956年，约翰·麦卡锡等10人在美国达特茅斯学院开会研讨"如何用机器模拟人的智能"，会上提出"人工智能"这一概念，这标志着人工智能学科的诞生。

人工智能概念的提出给世界带来了很大的震撼，人们乐观地预测将在短时间内制造出完全智能的机器。20 世纪 60 年代，麻省理工学院约瑟夫·维森鲍姆（Joseph Weizenbaum）在 1966 年发表了世界第一款自然语言对话程序 Eliza（图 1-7）。这款程序可以模拟与人聊天的过程。Eliza 虽然只是基于人类的对话提取关键词并作出预设的反应，但在早年还是让许多用户误认为是在与人类对话。

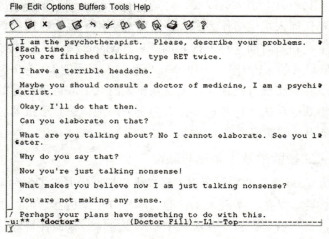

图 1-7　早期的聊天机器人 Eliza

然而，虽然如 Eliza 这样的早期人工智能产品层出不穷，但还是难以满足社会上对于人工智能的过高期待。20 世纪 70 年代起，对人工智能的批评声越来越多，公众的热情与投资都出现了大幅度的消退。

直到 20 世纪 80 年代，随着卡耐基梅隆大学为 DEC 公司开发的专家系统 XCON 在商业上的巨大成功，人工智能才重新回到业界的视线中。专家系统是一种基于特定规则回答特定领域问题的系统，例如，XCON 可以帮助 DEC 公司根据客户的需求自动选择计算机部件组合，准确率达到了专业技师的水平，从而节省了大量的人力成本。但到了这一时期，人们已经不再追求建立一个通用的模拟人类的人工智能，而是开始专注于通过人工智能来解决具体领域的实际问题。

另外，在这一时期，人工神经网络（Artificial Neural Network，ANN）的研究也取得了重要进展。人工神经网络是一种模仿动物大脑的结构和功能的数学模型。人工神经网络通常由大量的人工神经元联结进行计算，并可以在外界信息的基础上改变内部结构，即具备学习功能。在 20 世纪 80 年代，反向传播算法有了关键进展，其被证明是用于人工神经网络训练的有效方法。

但到了 20 世纪 80 年代末 90 年代初，业界逐渐发现以专家系统为代表的人工智能系统往往开发和维护成本高昂，而商业价值有限，人工智能的发展再次步入寒冬。

进入 21 世纪后，计算机芯片的运算能力得到了飞速的提升。在这一背景下，人工智能算法也取得了重大发展。基于强劲的运算力，人工神经网络在语音识别、图像分析、视频理解等诸多领域都创造了新的成功。

2016 年，谷歌（Google）旗下 DeepMind 开发的人工智能围棋程序 AlphaGo 通过人工神经网络深度学习训练在一场举世瞩目的人机大战中以 4：1 战胜了围棋世界冠军李世石九段。这次成功点燃了社会对于新时代人工智能的巨大热情，人们开始意识到人工智能在很多领域的能力已经远超人类。

DeepMind 团队在 2017 年年末推出了增强版的人工智能下棋程序 Alpha Zero。它与初版的 AlphaGo 相比有几个重大的改变。一是 Alpha Zero 只需要棋类的基本规则作为训练的基础，不需要任何人类棋谱作为参考；二是它采用了更为通用的算法，可以延展到将棋与国际象棋中。在短时间（34 h 内）训练后，Alpha Zero 成功击败了围棋、将棋、国际象棋领域当前最强的 AI 程序。2019 年，更新的人工智能 MuZero 甚至可以无须知晓规则，只通过游戏胜负实现自我强化，不仅在棋类游戏上取得了优异的成绩，还能同时学会数十种电子游戏的玩法。这些成果让人们更清晰地认识到了机器自我学习的潜力，并对人工智能具备更强的通用性充满期待。

（三）当代人工智能的技术基础与缺陷

人工智能经历了 60 余年的发展历程，计算机科学家研究出了多种不同的技术来提升人工智能系统的性能。其中，实现人工智能的核心方法是机器学习。机器学习方法通过分析大量的数据，使用特定的程序算法从中归纳出规律，从而让智能系统建立起对真实世界事件的认知与预测。

机器学习并不是新鲜事物，早在 20 世纪 60 年代，人工智能研究者就已开始使用机器学习方法。但让人工智能实现如今的飞跃式发展源于其中的人工神经网络模型，使用深度人工神经网络模型进行机器学习的深度学习技术在众多人工智能问题上取得了巨大成功。

如图 1-8 所示，深度学习在具体问题上取得优异的表现离不开海量数据与强劲算力的支持。有了它们，深度神经网络就可以对复杂问题产生自己的"理解"，生成模型。这些模型可以被进一步部署到终端的机器上，用于实现特定的任务。

图 1-8　当代人工智能系统的工作流程

然而，伴随着人工智能的飞速发展，对深度学习技术的反思与担忧也逐年扩大。虽然深度学习威力十足，但其本质类似一个"黑箱"，人们可以利用现成的框架往箱子中"投喂"数据，并得到相应的模型，然而模型中的巨量参数所蕴含的实际意义并不为人所知。同时,由于事先训练的数据无法穷尽所有情形,对人工智能系统而言,这些安全问题可能是不可预测的。

二、智能机器人与 Arduino

(一)智能机器人及其组成

随着人工智能技术的发展,机器人正逐渐变得智能化。如果一个机器人可以感知外部环境的变化,然后依靠自身的智能做出反应,那么这种机器人就可以被称为智能机器人。智能机器人也可被视作是搭载了人工智能系统的机器人,这也是现如今主流意义上的机器人概念。

智能机器人作为人工智能系统的硬件载体,要实现智能化的工作,除以人工智能作为核心的逻辑单元外,还必须具备可以感知环境状态的感知单元与可以执行动作的执行单元。

(1)逻辑单元是机器人的控制核心,承担着连接感知单元和执行单元的关键作用,它处理并分析感知单元传递的信息,进而指挥执行单元执行动作。逻辑单元相当于机器人的"大脑",在人工智能技术的发展下,机器人逻辑单元的分析能力越来越强。

(2)感知单元通常由多种传感器组成,用于感知周边环境,再将信息传递给机器人的逻辑单元。感知单元相当于机器人的"感觉器官"。

(3)执行单元则包括电机、显示设备、发声设备等,它们接收逻辑单元的控制指令并做出相应的反应。执行单元相当于机器人的"身体",最典型的执行单元部件是电机。

举例来说,扫地机器人依靠碰撞传感器、激光雷达等感知设备感知它在房间中的位置,经过逻辑单元的运算分析得到当前应该执行的动作,最终指挥电机带动轮子运动。

(二)认识 Arduino

机器人的运转核心在于它的逻辑单元,也被称为机器人控制器。常见的简易机器人的主控制器通常是一块主控板。

过去,智能电子设备的主控板一般是单片机。单片机集成了智能系统核心所需的数据采集、计算、控制功能,生活中常用的传统单片机包括 STM32 单片机和 51 单片机(图 1-9)等。

图 1-9 51 单片机可以作为小型智能设备的控制核心

但是，传统单片机也存在很大的缺点，如其运算性能不足、硬件连接复杂、软件编程复杂等。为了解决这些问题，意大利一位名为 Massimo Banzi 的教师在 2005 年开始试图原创制作一块便宜易用，尤其适合软件开发者使用的主控板。2005 年冬季，Massimo Banzi 与 David Cuartielles 讨论了这个问题。David Cuartielles 是一位西班牙籍晶片工程师，当时在意大利做访问学者。两人决定设计自己的电路板，并由 Banzi 的学生 David Mellis 为电路板设计编程语言。两天以后，David Mellis 就写出了程序。又过了三天，电路板就完工了。Massimo Banzi 喜欢去一家名为 di Re Arduino 的酒吧，该酒吧是以 1 000 年前意大利国王 Arduin 的名字命名的。为了纪念这个地方，他将这块电路板命名为 Arduino（图 1-10）。

图 1-10　最初的 Arduino 板原型机

2006 年，开发团队将 Arduino 主控板的设计图纸放到了互联网上，并决定遵循知识共享（Creative Commons）的授权方式。因此，Arduino 的主控板硬件是完全开源的，任何人都可以利用这些设计图纸自行生产及销售此主控板。但需要注意的是，Arduino 这一名称被注册为商标，并不能被无偿使用。

Arduino 主控板从硬件来说包含了传统单片机的主要功能，但使用它连接其他硬件非常简单方便，适合新手及不熟悉电子硬件系统的人员使用。

但真正让 Arduino 成为一块在过去 10 余年火遍全球的主控板的主要原因在于它使用了完全开源且极为易用的软件开发环境。Arduino 开发团队为 Arduino 主控板设计了专用的编程平台 Arduino IDE，使用类似 C 或 C++ 的程序语言进行编程。如图 1-11 所示，只要稍微熟悉编程语言的使用，编写一段 Arduino 程序非常容易。

```
int LED_PIN=13;

void setup () {                          // 初始化部分，程序开始时运行一次
    pinMode (LED_PIN, OUTPUT);           // 指定接口为输出接口
}

void loop () {                           // loop部分，不断循环
    digitalWrite (LED_PIN, HIGH);        // 设为高电平，打开LED灯
    delay (1000);                        // 等待一秒
    digitalWrite (LED_PIN, LOW);         // 关闭LED
    delay (1000);                        // 等待一秒
}
```

图 1-11　使用 Arduino IDE 编写最简单的闪烁程序

由于 Arduino 完全开源的特点，众多科技爱好者开始为 Arduino 制作大量的配套硬件，并为它们编写易用的软件使用库，使 Arduino 成为培育创造力的良好土壤。小到随身携带的智能计步器，大到工厂中的智能机械臂，Arduino 无处不在。

Arduino 这个词通常包含两个意思，一是指 Arduino 发布的系列主控板，二是指为这些主控板编程的软件开发平台。时至今日，Arduino 团队陆续发布了大量不同规格、不同尺寸的主控板，如尺寸大、功能强的 Arduino Mega 2560，可缝在衣服上的类似纽扣的 Arduino LilyPad，微型的 Arduino Micro 及 Arduino Nano，以及最经典的 Arduino Uno 等。

由于 Arduino 开源了其硬件设计，目前国内出现了诸多基于 Arduino 二次开发设计的主控板，如 Nova、mCore 等，它们为适配各家硬件厂家的产品进行了针对性的重新设计。虽然它们在功能上略有差异，但都兼容 Arduino 标准，尽管它们在功能上存在些许差异，不过都与 Arduino 标准兼容，标准的 Arduino 平台开源硬件开发的学习和它们的学习实质上极为相似。

（三）认识 Arduino 主控板

Arduino 使用最为广泛的一块主控板是 Arduino Uno。"Uno"在意大利语中意思是"一"，Arduino Uno 是 Arduino 系列的第一个正式发布的开发板，Arduino IDE 1.0 是 Arduino IDE 的第一个正式版本，Arduino Uno 硬件和 Arduino IDE 软件建立了一套 Arduino 开发标准，此后的 Arduino 开发板和衍生产品都是在这个标准上建立起来的。

如图 1-12 所示，Arduino Uno 是基于 ATmega328P 微控制器的 Arduino 开发板。它有 14 个数字输入/输出引脚（其中 6 个可用于 PWM 输出）、6 个模拟输入引脚、1 个 ATMEGA16U2 芯片（内置用于计时的晶体振荡器）、1 个 USB 接口、1 个 DC 电源插口、1 个 ICSP 通信端口和 1 个复位按键。它包含了微控制器所需的一切，只需简单地把它连接到计算机的 USB 接口，或者使用 DC 电源适配器，或者用电池，就可以驱动它。

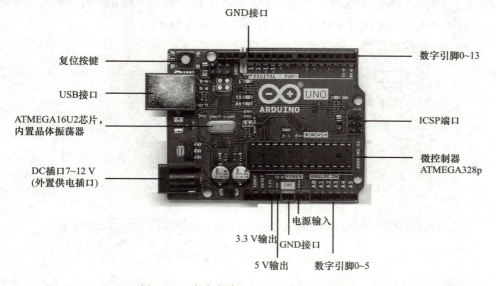

图 1-12　官方版本 Arduino 的接口示意图

只要使用 Uno 板配套的数据线将它与计算机相连，便可以将编写好的程序上传到主控板中，进而让它执行程序中预设的功能。

同时，为了适用于各种电子项目和嵌入式系统的开发，Arduino 公司设计了一款 Arduino Uno 的一个小型版本——Arduino Nano（图 1-13）。

图 1-13　Arduino Nano

三、Arduino 编程基础

我们已经认识了智能机器人的控制核心，知道它们相当于机器人的大脑。但是机器人的"智能"是要靠编程来实现的。下面将从零开始学习基本的编程方法，实现几个简单的功能。

（一）第一个 Arduino 程序

1. 认识 Mixly 软件

除官方软件 Arduino IDE 外，由于 Arduino 完全开源的特点，还可以使用第三方开发的图形化编程软件。北京师范大学教育学部创客教育实验室傅骞教授团队开发的 Mixly_Arduino（简称 Mixly，米思齐）功能丰富，简单易用，适合 Arduino 初学者入门使用。考虑到编程难度，本课程对 Arduino 的程序编写均使用 Mixly。

打开 Mixly 编程软件，可以看到图 1-14 所示的界面。

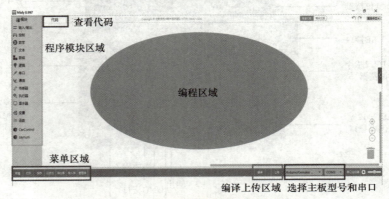

图 1-14　Mixly 主界面功能区域示例

（1）程序模块区域。按照功能区分成多个模块组，每个模块组中又包含多个预设的模块，可以将它们从中拖出。

（2）编程区域。中间的整片白色编程区域都可以摆放模块，按照从上到下的顺序运行，主程序部分在运行过程中自动循环。

（3）菜单区域。菜单区域有"新建""打开""保存"等常用功能按钮。

（4）编译上传区域。单击"编译"按钮可以自动检查程序是否存在语法错误；单击"上传"按钮可以把程序传至 Arduino 板中，但须正确选择主板型号和连接串口。

（5）选择主板型号和串口。在本书中一般选择 Arduino/Genuino Uno 型号的主板。选择正确串口的方法：断开 Uno 板与计算机的 USB 连接，再重新连接，观察哪个串口是重新出现的，记录下串口编号，这就是要选择的串口。

（6）查看代码。可以查看图形化程序语句对应的 Arduino IDE 原始代码。若有 C 语言基础，建议通过分析原始代码来了解程序的实际执行过程。

2. 点亮板载 LED 灯

下面来编写第一段 Arduino 程序，使 Uno 板上自带的用于测试的小灯亮起。这个板载 LED 灯的位置如图 1-15 所示。

图 1-15　板载 LED 灯的位置示意

在程序模块区域单击"输入/输出"模块组，找到"数字输出"模块，单击并拖动至空白处。若要删除编写的程序，则可以将程序拖至程序模块区域任意地方或右下角的垃圾桶，还可以在选择程序后按 Delete 键删除。

编写程度语句中有两个下拉框可以选择。第一个方框下拉列表有 20 个接口编号可以选择，分别对应了 Arduino Uno 板上的 20 个输入/输出管脚。所谓管脚，是指 Arduino 板上方形孔，它们均可以插入杜邦线的公头针，从而与其他硬件设备连接。第二个方框下拉列表有高、低两个选项，"高"是指高电平，"低"是指低电平，分别代表管脚的两种电路状态。Arduino 上的所有输出管脚在不进行程序设定的情况下均为断电状态，而程序声明使用却未指定电平状态时均为低电平。

Arduino 板上内置了 5 V（V 为电压的国际单位伏特的符号）的稳压芯片，其所有输入/输出接口的电压标准均为 5 V。管脚处于低电平状态时可以理解为输出 0 V 电压，此时它与板上所有 GND 接口（地极）短接；管脚处于高电平状态时则输出 5 V 电压，它与板上的 5 V 接口短接。一个连接了 Arduino 板的硬件通常负极与 Arduino 的 GND 接口连接，因此，在输出高电平信号时，硬件可得到 5 V 电压，而输出低电平信号施加电压为 0 V。

板载的 LED 小灯同样如此，它的负极与 GND 接口连接，而正极连接了 13 号管脚。因此，如图 1-16 所示，只需要将 13 号管脚设为高电平即可点亮小灯，反之设为低电平可熄灭。

图 1-16　将 13 号管脚数字输出高电平信号

如图 1-17 所示，编写好程序后可上传程序，单击 Mixly 的"上传"按钮，此时软件开始编译程序并上传至 Arduino 板，如果程序没有问题，最终会显示"上传成功！"。

图 1-17　"上传"按钮与成功反馈

（二）点亮一盏小灯

1. 认识 LED 灯

1879 年，爱迪生发明了第一个具备实用价值的电灯。电灯的发明是人类历史上一次重要的照明革命，它使用便利且安全，引领社会生产实现了飞跃式发展。

早期的电灯被称为白炽灯（图 1-18），它利用电流加热钨丝，高温钨丝发出强光实现照明。但这种发光方式能耗非常高，通常只有电能的 2%～4% 被转化为光。在白炽灯的使用过程中，钨会升华为气体进而附在灯泡的内壁上，不仅影响了其使用寿命，还会造成污染。

图 1-18　白炽灯是过去一百多年最主流的照明设备

为了克服这些缺点，后来又出现了使用寿命、能耗表现都更好的荧光灯（图 1-19）。荧光灯利用高压电迫使汞蒸气被电离，进而发射出紫外线照射灯管内壁上的荧光材料发光。荧光灯实现同等的照明通常仅需白炽灯 20%～30% 的电能，使用寿命也能达到白炽灯的 5 倍以上。但是，荧光灯内部使用汞（水银），仍会对环境造成污染。

图 1-19　节能灯是一种小型化的一体式荧光灯

20 世纪 60 年代，一类新的照明设备——发光二极管（Light-emitting diode，LED）被制造出来。如图 1-20 所示，二极管是一种具备单向导电特性的电子元件。当电流从正极向负极流动时，二极管电阻极小，反之电阻极大。二极管的典型构成是一个半导体 PN 结。半导体是指常温下导电性能介于导体与绝缘体之间的材料，半导体在电子领域扮演着极其重要的作用。

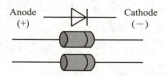

图 1-20　二极管具备单向导电的特点

在半导体中，存在空穴（可以理解为带正电的电子）和电子两种可以导电的"粒子"，通称为"载流子"。我们对一般的半导体掺入不同的杂质，可以令半导体中的空穴多于电子或电子多于空穴。前者被称为 P 型半导体，后者被称为 N 型半导体。如果令一个 P 型半导体与一个 N 型半导体相连，P 型一侧以空穴（正电）为主，N 型一侧以电子（负电）为主，其内部天然存在一个内在电场。当 P 型一侧接正极、N 型一侧接负极时，空穴（正电）可以向负极一侧运动，电子（负电）可以向正极一侧运动，表现为导电特性，电阻值极低。反之，P 型一侧接负极，导致该侧的空穴（正电）被"抵消"；N 型一侧接正极，导致该侧的电子（负电）被"抵消"，难以导电，电阻值极高。

早期的发光二极管以砷化镓半导体为制作材料，它在通电时电子与空穴可以相对运动，进而使材料中的电子从高能级向低能级移动，将能量以光的形式释放出来而实现发光。早期的发光二极管通常可以发射出低功率的红色光。

随着材料科学的发展，越来越多具备类似特性的半导体材料被发现，它们可以发射出亮度更强、颜色种类更多的光线。21 世纪初，可以发出日常照明亮度的白色发光二极管被投向市场，开始在照明领域占据一席之地。随着成本的下降，现如今商用的发光二极管设备可以更低的价格实现比荧光灯更高的能量转换效率，使用寿命更是达到荧光灯的 5 倍以上，同时减少了照明设备造成的污染。因此，LED 灯（图 1-21）在近年来逐渐成为主流的照明设备，它的普及也被称为第二次照明革命。

图 1-21　LED 灯是目前最为主流的照明设备

除了用于照明，LED 灯由于具备良好的单色性，也被广泛用于各类显示设备，用于准确地显示颜色。本课程使用如图 1-22 所示的含有一颗小型 LED 灯珠的电子模块。除发光二极管外，模块有两个用于固定的 M3（此处的 M+ 数字表示标准螺钉的螺钉外直径，单位为 mm，M3 孔表示它的孔直径是 3 mm）螺钉孔、将模块的电路连接进行连接转换的电路板及用于与 Uno 板直接连接的接线口。

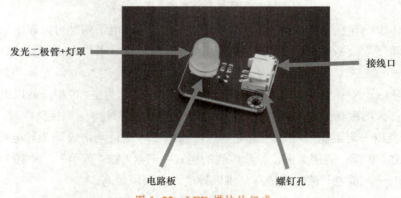

图 1-22　LED 模块的组成

本课程一共使用红色、黄色和绿色三个单色 LED 模块。只需将模块与 Uno 板用导线正确连接，就可以编程控制它的发光状态。

2. 认识 Arduino 扩展板

在"认识 Arduino"一节中，我们知道，在 Arduino 的硬件标准下存在很多不同规格的主控板型号。而让 Arduino 更为方便易用的一点是，还有大量第三方厂商为它设计了各式各样的堆叠扩展板（Shield）。如图 1-23 所示，只需将扩展板与标准 Arduino 主控板对插即可为 Arduino 增加扩展功能。

图 1-23　扩展板插至 Uno 板上

如图 1-24 所示，扩展板的正面也存在大量的针脚，它们用不同颜色标示出来，方便选择性连接。其中，所有的红色针脚可输出 5 V 的标准电压，所有的黑色针脚则可输出 0 V 电压（即连接 GND）。带有数字标号的黄色针脚和带有 A+ 数字标号的蓝色针脚用于在电子设备与 Uno 板间传递电信号，因而也被称为信号口。

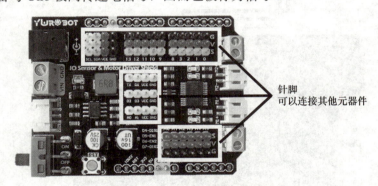

图 1-24　Uno 板正面的针脚位置

需要注意的是，Uno 原板上共有 0 ～ 13 共 14 个数字接口，但扩展板上仅有 0 ～ 3、8 ～ 13 这 10 个接口，这是由于该扩展板默认使用 4 ～ 7 号接口控制右侧的接口连接的电机。电机的控制方法将在本书后面项目中进行介绍。另外，0、1 号接口是 Uno 板用于进行串口通信的默认接口，在通过计算机将程序上传到 Uno 板时，这两个接口将被占用，因此，请尽量避免在接线中使用 0、1 两个接口。

3. 点亮 LED 灯

可以使用连接线（图 1-25）将 LED 模块与扩展板针脚连接起来。在前面课程中，将使用黄、红、黑三色的 PH2.0 转杜邦母连接线。这种连接线一头是带防反插作用的接口，它可以与 LED 模块的接口直接连接；另一头则可按照颜色直接一一对应插入扩展板的黄黑红色区域数字标号针脚。

图 1-25　连接线

如图 1-26 所示,将单色 LED 灯接到扩展板的 9 号接口(事实上也可以连接到 2、3、8、10、11、12、13 号接口,这里仅为了方便教学开展而统一规定),注意导线颜色应与扩展板针脚颜色一致。

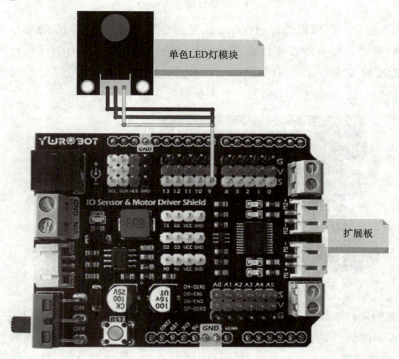

图 1-26　电路连线示意

连接完成后,LED 模块与 Uno 板已经实现了电路连接,但要让 LED 灯发光,还需要给 Uno 板编写如图 1-27 所示的相应程序。

图 1-27　让 LED 模块点亮的程序

在 Mixly 软件中选择正确的板子型号与串口号即可上传程序。程序上传后 LED 灯点亮。

（三）小灯闪烁与交替点亮

1. 让小灯闪烁起来

如图 1-28 所示，要让小灯闪烁起来，实质上就是使小灯亮一下灭一下交替地不断循环。将连接的管脚设为高电平输出可让小灯点亮，反之设为低电平输出则可让小灯熄灭。

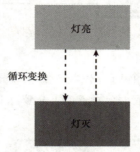

图 1-28　小灯闪烁的工作过程

在 Mixly 的程序编辑区中写下的程序一般会自动循环执行，即从头到尾执行一次后再回到开头执行下一次，不断循环。因此，如图 1-29 所示，可以尝试直接将点亮小灯的程序与熄灭小灯的程序堆叠起来，即可实现自动循环。

图 1-29　可以尝试的 Arduino 程序

但事实上，这段程序上传后并不能观察到闪烁的效果，这是由于程序运行的速度是非常快的，导致小灯以非常快的速度在亮灭之间切换，肉眼根本无法察觉到这种闪烁。为了解决这一问题，需要在程序中"告诉"小灯它每次处于亮或灭的状态应该持续多长时间。

这时需要使用 Mixly "控制"模块组中的"延时"模块（图 1-30），它可以让程序在运行到此处时停留设定的时间，起到控制程序运行流程的作用。

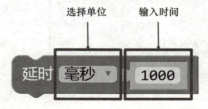

图 1-30　延时程序，可以指定单位与时间

默认的延时程序的时间单位是毫秒，1 秒等于 1 000 毫秒。另一个可选单位是微秒，1 毫秒等于 1 000 微秒。利用这一模块，可以很轻松地将它插入此前的程序中实现真正的

闪烁效果。

如图1-31所示,这段程序可以让小灯以2秒为一个周期不断闪烁。修改延时的时间可以使闪烁的周期(频率)变化。

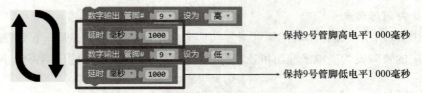

图1-31　将延时程序加入程序主体中

2. 让多个小灯交替点亮

如果同时为Uno板连接了多个LED模块,便可以编写程序让它们交替亮起来。

以连接两个模块为例,假设它们分别连接了9号与10号接口,则可以编写如图1-32所示的程序。

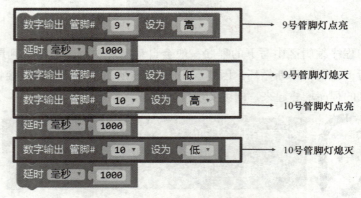

图1-32　两个小灯交替点亮的程序示例1

这段程序中,先让第一盏灯点亮一段时间再熄灭,紧接着点亮第二盏灯再熄灭,然后不断循环这一过程。该程序实际上还可以使用如图1-33所示的第二种写法。

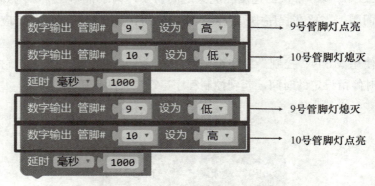

图1-33　两个小灯交替点亮的程序示例2

这段程序设定了两种亮灯状态:9号灯亮10号灯灭,以及10号灯亮9号灯灭。这两种状态交替循环,各持续一秒。这种写法的实现效果与前一段程序完全一致,但理解方式稍有区别。在控制多个灯或设备协同运作时，如图1-33所示的程序示例2事实上是一种更好的写法。

（四）让小灯越闪越快

1. 任务解析

使用延时程序让小灯以设定的周期进行闪烁。通过修改延时的时间长短，可以改变小灯的闪烁周期。因此，可以编写程序让小灯的闪烁周期连续变化，实现越闪越快的效果。

如图1-34所示，堆叠多个闪烁程序段，它们从上至下延时时间越来越短，因此可以使闪烁越来越快。在Mixly的程序编写中，要复制一条程序有两种方法：单击鼠标右键选择"复制"可自动生成相同的程序；或者先选中，然后按快捷键Ctrl+C进行复制，按快捷键Ctrl+V进行粘贴。而要复制含多条程序的程序段则需要按住鼠标左键，让整段程序处于被拖动的状态，然后按快捷键Ctrl+C进行复制，按快捷键Ctrl+V进行粘贴。

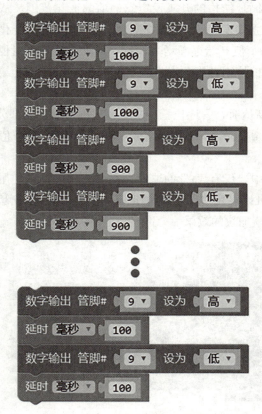

图1-34　一种可行的程序示例

但这样编写的程序写起来与看起来都显得太过复杂，而且如果要让闪烁频率变化得更平缓，还需要加入更多的程序语句。为了让程序编写起来更简单，需要引入一种新的程序结构。

2. 认识循环结构

这种新的程序结构便是循环结构，可以在"控制"模块组中找到（图1-35）。

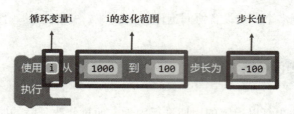

图 1-35　Mixly 中的循环结构

在循环结构中存在一个循环变量。变量是一切程序语言中的基本概念之一，变量可以理解为程序中建立的一个带标签的小盒子，标签就是它的名字，可以在盒子中存入设定的数据（即变量的值，这一过程也被称为赋值），此后便可以通过调用它的标签（名字）来取出其中的数据。变量的名字通常在一段程序中具有唯一性，但它的值可以不断重新赋值来修改。

在循环结构中，循环变量的默认名字是"i"，虽然也可以进行修改，但并没有什么意义。这一变量可以在循环结构的开头设定它的值的变化范围，从第一个值变化到第二个值。但这个变化不是立即发生的，而是按照设定的步长逐渐变化的。步长为正数时，"i"的值从范围的第一个值开始逐渐增大，每次增加步长的绝对值；步长为负数时，则逐渐减小，每次减小步长的绝对值。当"i"的值变化到其范围的第二个值之外时，循环结束。

每当"i"得到一个新值时，程序执行一次其程序框中框住的部分。图 1-36 中的程序，"i"从 1 000 逐渐减小到 100，每次减少 100，共可以得到 10 个值，因此，循环中框住的程序重复执行十次。

在循环的进行过程中，仅有"i"的取值会逐渐变化，可以利用这一点实现想要的功能。如图 1-36 所示，可以设定"i"为延时时间，就可以实现随着循环的进行延时时间逐渐减少、闪烁速度逐渐加快的效果。

图 1-36　利用循环结构实现程序效果

这一循环结构事实上就是 C 语言中的 for 循环，它是程序语言中最重要的逻辑结构之一。

目前实现的效果可以让小灯闪烁逐渐加快，直到周期为 0.2 秒，然后跳回程序开头不断重复这一过程。但这一过程从最快到最慢的变化较为突然，可以再增加一段从最快到最慢逐渐变化的循环结构程序，让闪烁的变化更为自然（图 1-37）。

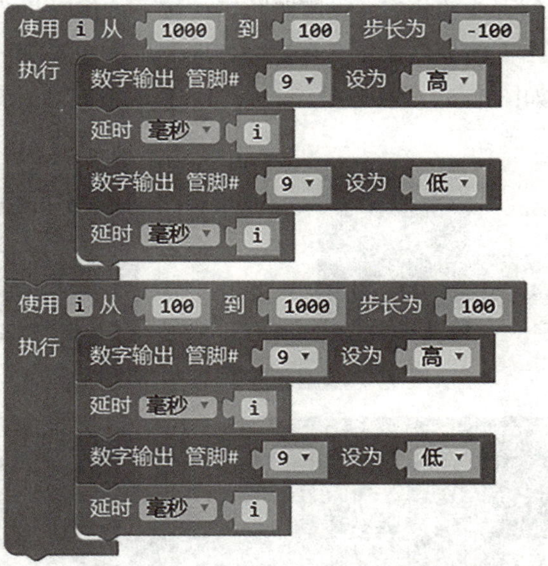

图 1-37 让小灯闪烁越来越快，再越来越慢，不断循环

另外，在程序中将步长减小可以让每一步闪烁周期的变化减小，进而使周期的变化变得平缓。

（五）用按钮控制小灯

1. 认识按钮模块

智能机器人可以感知外部环境的变化，然后依靠自身的智能做出反应。其中，用于感知外部环境变化的元件通常是传感器。传感器是一类电子单元，它们可以像人类的感官一样感知到光线的明暗、声音的大小、空气的冷暖，甚至感知到人类无法感知到的磁场的强弱、气压的大小等。

使用的第一个传感器类装置是如图 1-38 所示的按钮模块。按钮模块的电路板、接口与 LED 模块非常相似，但在 LED 灯的位置换成了一个可感知按压状态的传感装置及一个按键帽。

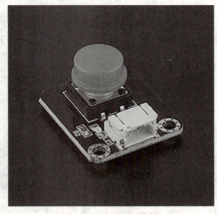

图 1-38 按钮模块

按钮模块共有两种可能的状态：按下和抬起。按下按钮时将改变其内部电路的连接状态，进而改变其输出电信号的状态。在编写程序调用按钮模块之前，需要使用连接线连接模块与扩展板。如图 1-39 所示，可统一将按钮模块连接到扩展板的 3 号接口，注意导线颜色与接口颜色一致。

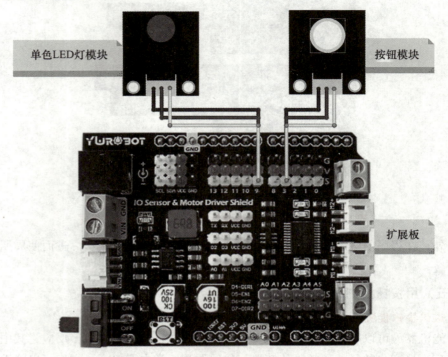

图 1-39　单色 LED 灯模块与按钮模块的连线示意

2. Arduino 的输出与输入

在此前控制 LED 灯的亮灭时，使用了"数字输出"模块，通过设定高电平或低电平来改变灯的状态。

对主控板 Arduino 来说，其连接的电子设备可分为输入设备和输出设备。如图 1-40 所示，输出设备一般来说是执行设备，如小灯、喇叭、显示器、电机等，Arduino 可通过设定电路状态，或表述为发送出电信号来控制输出设备的运作；如图 1-41 所示，输入设备通常是传感器，如光线传感器、声音传感器及此处使用的按钮模块等，Arduino 可以通过连接的管脚获知它们设定的电路状态，或表述为接收它们发来的电信号来从输入设备获取信息。

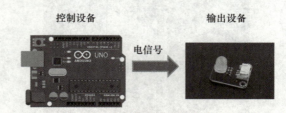

图 1-40　控制设备发送电信号来控制输出设备的运作

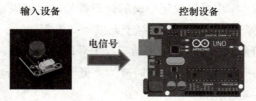

图 1-41　控制设备接收输入设备发送而来的电信号

　　Arduino 主控板的电压标准为 5 V，通常来说，它发送或接收的电信号是两个电压值之一：5 V 或 0 V，将这两种信号分别称为高电平和低电平。发送高、低电平信号可使用"数字输出"来实现，而接收高低电平信号则可使用"数字输入"来读取（图 1-42）。

图 1-42　"数字输入"模块，在"输入/输出"模块组中可找到

　　使用按钮模块作为输入设备，它在被按下时可发送高电平信号，抬起时则发送低电平信号。Uno 板可以通过连接的管脚读取这一信号的值。

3. 认识条件结构

　　为了使用按钮控制小灯的亮灭，需要在程序中判别按钮的状态，进而与 LED 灯的状态进行联系。

　　要建立按钮与 LED 灯的联系，可以用到"如果…就…"的语句，在生活中也经常会用到这个语句，例如，如果今天不下雨，我就出门打篮球。在 Mixly 中，同样有这样的程序语句，称为条件结构（图 1-43）。条件结构可以在"控制"模块组中找到。

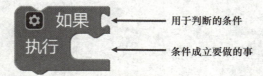

图 1-43　Mixly 中的条件结构

　　如图 1-44 所示的按钮控制灯的案例中，需要判断的条件可以是"按钮按下"，而要做的事则是"灯亮"。

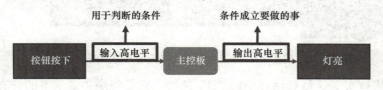

图 1-44　条件与执行事件的关系

　　"按钮按下"这一条件成立时，按钮模块向 Uno 板发送了一个高电平信号，即数字输入为高电平，因此"按钮按下"等同于"3 号管脚数字输入信号为高电平"。

　　用程序表达"3 号管脚数字输入信号为高电平"需要使用 Mixly 中"逻辑"模块组中

的"比较"模块。"比较"模块可以设定中央的比较符号，它可以是=（等于）、<（小于）、>（大于）、≤（小于等于）、≥（大于等于）或≠（不等于）。在本例中，设为等于即可。再将"数字输入 管脚3"这一程序拖动至等于号前面的框内，最后在"输入/输出"中找到"高"模块（这一模块也可在必要时改为"低"值，拖动至等于号后面的框内。逻辑对应的程序如图1-45所示。

图1-45　将判定的条件写入条件结构中

条件成立时需要执行的语句须写入条件结构内部，这里写入将灯点亮的程序（数字输出高电平）即可，如图1-46所示。

图1-46　将需要执行的语句写入条件结构中

但是，这段程序还只能在按钮按下时将灯点亮，而松开时灯并不会自动熄灭。要实现完整的控制，还需要在判定按钮松开时让灯熄灭。仿照上面的程序，可以很轻松地补全剩余的程序部分，得到如图1-47所示的程序。

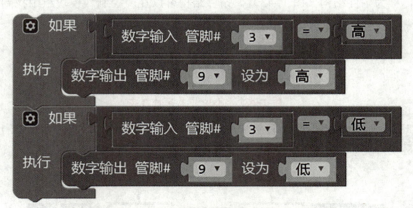

图1-47　按钮控制灯的亮灭的程序实现

条件结构事实上就是C语言中的"if"结构，它是程序中最基本的分支型结构，也是所有智能化程序的基础。

在逻辑概念中，一切条件根据其成立与否可分为真条件或假条件。条件成立时它就为真，否则为假。

在程序语言中，条件结构判断一个条件是否成立，事实上是判断这个条件的值是否为真。比较程序可以将两个值进行比较，并根据比较的结果返回一个真或假的值。真或假是程序语言中一对特殊的值，在 C 语言中，它们事实上是用 1 和 0 来表达的。

四、Arduino 编程进阶

（一）有趣的呼吸灯

1. 认识模拟输出

在很多场景下，不仅需要控制灯的开关，还需要控制灯的亮度。例如，手机、路由器等常用电子设备上都搭载了可称为呼吸灯的指示灯，它是一个亮度逐渐变化的 LED 灯，起到通知、提醒的作用。在本课程中，将通过学习 Arduino 的新功能来制作一盏"呼吸灯"。

Arduino 可以向连接的电子设备发送高电平或低电平的电信号，但这样发送的电信号仅有两种可能的状态，并不能控制灯的亮度逐渐变化。

事实上，不仅是 Arduino，电子计算机等大部分电子设备都只能处理高、低电平的电信号。在电子计算机中，通常使用 1 和 0 分别代表高电平与低电平信号，并将它们组合起来进行编码，用于表达复杂的信息。

将这样只使用简单的 1 和 0 来表示的信号称为数字（Digital）信号，它在同一时间的取值是有限的（1 和 0 两种），将它们组合起来可以用二进制表达离散的信息（图 1-48）。例如，学生的人数、楼层的编号都是离散的信息，它们只能取分立的值，不能取连续变化的值。若要用数字信号表示 7 个人，则可以使用二进制数 111 来表达。

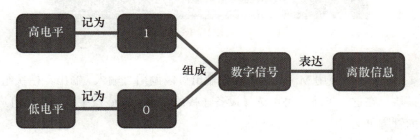

图 1-48　用高、低电平的组合表示离散的信息

但是我们所生活的真实世界所要表达的信息并不完全是离散化的，如小灯的亮度，它能在一个范围内连续变化。在信号处理中，用电信号表达连续变化的量需要使用特定的方法进行模拟，因此，这类信号被称为模拟信号。

以 Arduino 表示灯的亮度为例，它的部分管脚可以产生高频率周期性变化的高、低电平交替的信号，通过调整其中高电平信号所占的比例（或称为占空比，"占"代表高电平，"空"代表低电平）就可以向电子设备输出连续变化的电压值。如图 1-49 所示，以这种方式产生的模拟电信号被称为脉冲宽度调制（Pulse Width Modulation，PWM），它在瞬时输出的电压仍只有 0 V 和 5 V 两种状态，但可以在一个时间周期内平均输出 0～5 V 的任意电压。

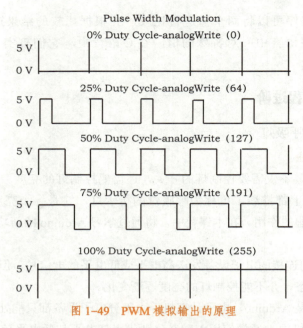

图 1-49　PWM 模拟输出的原理

在 Uno 主控板上，只有有限几个管脚支持模拟输出。如图 1-50 所示，观察 Uno 板，查看数字管脚，其中 6 个管脚（3、5、6、9、10、11）旁标有"~"，这些管脚不同于其他管脚，因为它们可以输出 PWM 模拟信号。

图 1-50　支持 PWM 模拟输出

2. 制作一盏呼吸灯

如图 1-51 所示，使用 Mixly 实现模拟输出可以调用"输入/输出"模块组中的"模拟输出"模块。在这一模块中可以选择设备连接的管脚，Uno 板中只有 6 个可进行 PWM 模拟输出的管脚可选。

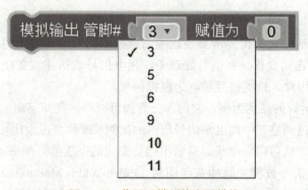

图 1-51　使用"模拟输出"模块

在"模拟输出"模块中,它可以将 0～5 V 的电压等分为 256 份,以整数 0～255 来表示。如图 1-52 所示,0 代表 0 V,255 代表 5 V,其他值按比例代表不同的电压,如 51 代表 1 V。

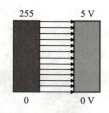

图 1-52　模拟输出值与输出电压的对应关系

只要调用"模拟输出"模块,就可以让 LED 小灯显示不同的亮度。但要实现呼吸灯效果,还需要让亮度逐渐变化。若把这一过程视为多个亮度阶段的循环变化,则可以使用前面学习过的循环结构。与闪烁频率变化的循环中不断改变延时时间不同,这里需要改变的是对应不同亮度的模拟输出值。如图 1-53 所示,只需要将循环范围设为 0～255,再将"模拟输出"的赋值修改为循环变量即可。

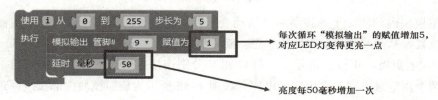

图 1-53　亮度逐渐变大的循环程序

需要注意的是,每次循环中需要加入少许的延迟,否则无法观察到渐变的效果。步长越短,则渐变越平缓;延时时间越短,则变化越快。

在此基础上,如图 1-54 所示,还可以让 LED 灯由亮逐渐变暗,再由暗逐渐变亮,实现完整的循环。

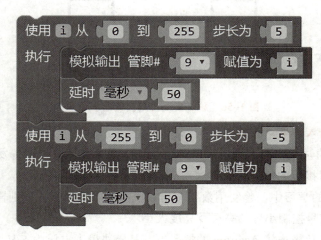

图 1-54　呼吸灯的完整程序

（二）神奇的旋钮

1. 认识旋钮模块

在前面学习过一种最简易的感知设备——按钮模块，它可以感知按下或松开两种状态，以数字信号的形式"告知"Uno 主控板。下面将学习另一种感知设备——旋钮模块。

如图 1-55 所示，旋钮模块由一块电路底板、三个针脚、一个旋转电位器和一个旋钮帽构成。旋转旋钮帽可使模块处于不同的角度状态，它的最大角度变化是 300°（5/6 圈）。

图 1-55　旋钮模块

旋钮模块内部实际上连接了一个滑动变阻器，通过旋转旋钮可以改变变阻器中可变触点的位置，从而改变该变阻器的状态。旋钮模块引出了三个针脚，名称分别是 G、V、S，分别代表负极、正极、信号口。将 G 和 V 分别连接负极与正极后电路接通，滑动变阻器的两个固定触点间存在固定的电压。如图 1-56 所示为旋钮模块内部接线原理示意，随着旋钮可变触点位置的变化，其可变触点与一侧固定触点间的电压相应变化。这一电压值可通过模块的信号端向外输出。

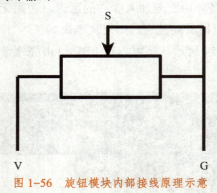

图 1-56　旋钮模块内部接线原理示意

2. 认识模拟输入与串口打印

在按钮模块的学习中，可知 Arduino 的信号口可以接收输入设备发送来的高电平或低电平信号，此时接收的信号为数字输入信号。

在 LED 模块的学习中，曾使用数字输出和模拟输出两种方式分别输出高、低电平信号或 PWM 模拟信号控制小灯的亮灭及亮度大小。

在旋钮模块正负极连接 Arduino 的情况下，其模块最大电压为 5 V，由于触点位置可任意变化，其通过信号口发送的电压值可取 0 ~ 5 V 的任意值。因此，若只使用二值的数字输入是无法准确知道电压值的。为了准确获取电压值，必须使用模拟输入的方式来读取信号。

在 Uno 板上，仅有 A 开头的 A0～A5 号信号口（扩展板上蓝色针）可以接收模拟输入信号。该信号的转换是基于 Arduino 内置的一个模拟数字转换器，转换器将连续可变的 0～5 V 的电压区分为 1 024 份，以 0～1 023 的整数形式令主控板接收。因此，Arduino 的模拟输入信号的电压精度约为 49 mV（1 V = 1 000 mV）。旋钮旋转度数、输出电压、模拟输入值之间的关系如图 1-57 所示。

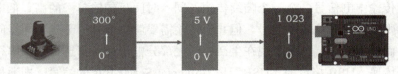

图 1-57　旋钮旋转度数、输出电压、模拟输入值之间的关系

这样，若将旋钮模块的 S 端连接 A0～A5 的信号口，就可以利用"模拟输入"模块的转换以数字形式获知模块发送的电压值大小，从而与旋钮的旋转位置关联起来。将模块与扩展板用杜邦线连接起来，旋钮模块的接线方式示意如图 1-58 所示。

图 1-58　旋钮模块的接线方式示意

这里，统一将 S 口接至 A0 接口。读取这一值的大小只需要用到 Mixly 中"输入 / 输出"模块组的"模拟输入"模块。若要观察此值的变化情况，还需要用到另一个程序功能："串口"模块组中的"Serial 打印（自动换行）"（图 1-59）。

图1-59 使用串口打印功能打印出模拟输入的值

这段程序的意思是将模拟输入的值通过串口打印出来。串口是串行接口的简称。电子设备间常存在大量的数据传输（通信），这些数据可能是由大量的高、低电平信号组合而成的，需要按照一定的方式传递这些信号。常用的传输电信号的方式有串行和并行两种，串行传输中电信号一个一个陆续传输，同一时间只传输单一的高、低电平信号；并行传输中则可同时传输多个信号。但并行传输需要解决信号的干扰与同步问题，在实际使用中反而效率更低。因此，现在生活中的大部分电子设备都选择使用串行传输的方式进行数据传递。USB接口的"USB"是Universal Serial Bus的缩写，即通用型串行总线，通过USB接口连接的电子设备也是使用串行传输的方式进行数据传递的。通常，Windows系统会为连接到计算机各种接口上的串行通信设备自动分配串口号，这就是Arduino板获得COM+数字型串口号的由来。

在连接计算机的情况下，Arduino使用0号与1号信号口与计算机间实现串行信号传输，它们之间可以互相发送大量的数据。Arduino使用的通信方式被称为通用异步收发传输器（Universal Asynchronous Receiver/Transmitter，UART）通信，是串行通信的一种标准方式。

Mixly的串口打印程序可以让Arduino将设定的数据通过串口发送给连接到的计算机，从而可以从计算机端接收到。要从计算机端查看接收到的数据值，可以使用Mixly中的"串口监视器"功能。如图1-60所示，选择正确的连接串口号后，单击Mixly右下角的"串口监视器"按钮，在打开的窗口中即可观察到串口打印的数据。

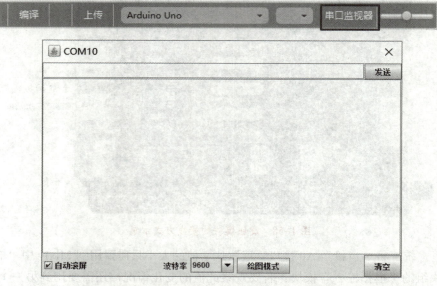

图1-60 "串口监视器"按钮的位置及"串口监视器"界面示意

旋转旋钮，可以观察到串口监视器界面中数值的变化，它的最大范围是 0～1 023。由于选用的是带"自动换行"功能的程序，数据是逐行显示出来的。如果使用另一个不带"自动换行"的打印程序，则不会自动换行，数据可以连续显示。另外，在串口监视器中还存在一个波特率值设定的选项，它表示 Arduino 与计算机间数据传输的速率，即每秒传输的信号包数量。在 Mixly 中直接使用打印程序的默认波特率为 9 600，若要修改这一数值，可以使用"Serial 波特率"模块手动改变波特率值。

以打印的方式观察程序中产生的值是一种常见的程序调试方法，几乎存在于所有编程语言中。不过，由于 Arduino 程序是运行于 Arduino 板的芯片中的，要让程序中的值被打印出来，必须通过串口连接的方式发送给计算机再进行查看。

（三）调光灯

1. 使用旋钮模块控制灯的亮灭

前面系统地了解了旋钮模块的原理、与 Arduino 的连接方法及其使用方法。与按钮模块相似，旋钮模块也可用来控制 LED 模块。如图 1-61 所示，首先将旋钮模块与彩色 LED 模块均连接到 Arduino 扩展板上。

图 1-61　旋钮模块与 RGB-LED 模块的连线示意

与按钮模块略有不同的是，旋钮模块的输入信号不是仅有高、低两个电平值，而是可能有 0～1 023 共 1 024 个不同值。如果只需要用旋钮来控制灯的亮灭，可设定一个阈值，若小于该值即灯灭，否则灯亮即可。如图 1-62 所示，假设阈值的大小为 512，则可以仿写出程序。这里的数字 512 须通过调用"数学"模块组中的"数字"模块拖入后改写数值。

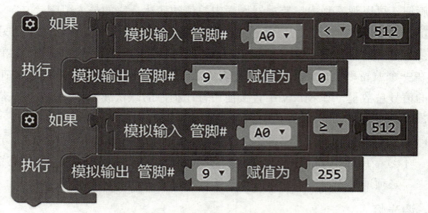

图 1-62　使用旋钮模块控制灯的亮灭

这里使用"模拟输出"0 和 255 来表示灯的灭与亮,这与数字输出低电平和高电平实质上是等同的。

2.使用旋钮模块调节灯的亮度

使用旋钮模块不仅可以控制灯的亮灭,还可以控制灯的亮度。旋钮模块的旋转角度可用 0～1 023 的模拟输入信号读取,而灯的亮度可用 0～255 的模拟输出信号控制。因此,要用程序实现旋钮调节灯的亮度的效果,就需要将 0～1 023 范围的模拟输入值和 0～255 范围的模拟输出值建立对应关系(图 1-63)。

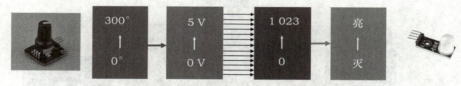

图 1-63　用旋钮控制灯的亮度的对应关系

在数学中,要建立两组数字之间的对应关系,可以使用映射的概念。映射如同投影一般,在一个区间里的任意一个数,都可以在另一个区间里找到一个数与它对应。在数学概念里,映射实质上建立了集合到集合的对应关系,A 集合中的任意一个数都可以在 B 集合中找到唯一一个数与它对应,就构成了 A 到 B 的映射。

程序中同样存在映射,但实际使用中与数学概念略有差别。在 Mixly 中,可以在"数学"模块组里找到"映射"模块。

如图 1-64 所示,选定"映射"类型为整数后,"映射"模块共有五个位置可以设定,其中第一个位置填入被映射的数值(必须是整数),第二、三个位置填入第一个数值范围的下限和上限,第四、五个位置则填入第二个数值范围的下限和上限。这一程序可以将被映射的数值从第一个范围映射到第二个范围,得到映射后的新数值。程序中的映射过程是等比例的对应。Arduino 的映射程序仅可处理整数的映射,它的实质处理过程是将两个数值范围的下限和上限分别对应,再将其他数值按比例变换后取整。

图 1-64 Mixly 中的"映射"模块

在本例中,需要建立从模拟输入范围(0～1 023)到模拟输出范围(0～255)的映射关系(图 1-65)。

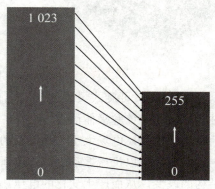

图 1-65 建立映射关系

如图 1-66 所示,通过使用"映射"模块,可将模拟输入值作为被映射的数值,而将映射的结果作为模拟输出值的大小,得到控制程序。

图 1-66 使用旋钮调节灯的亮度

这样,当旋钮的模拟输入值为 0(角度为 0)时,模拟输出值为 0,灯熄灭;模拟输入值为 1 023(角度为 300)时,模拟输出值为 255,灯全亮。模拟输入值介于 0～1 023 时,值越大(角度越大),则模拟输出值也越大,即灯越亮。这样便实现了随着旋转旋钮的角度变化,灯的亮度逐渐变化的效果。

(四)声控灯

1. 认识声音传感器

到目前为止,我们学习过使用按钮和旋钮两种模块来控制灯的状态变化,但这些控制都必须通过人为操控来完成,这与智能机器人的智能感知还有一定的差距。事实上,我们只需要将感知单元转换为能真正感知环境变化,无须人为介入的传感器即可实现一些简易的智能控制功能。

在写字楼或居民楼的楼道中,常使用可以根据外界声音大小操控亮灭的声控灯,当我们发出较大声响时灯自动点亮,而无须主动去触摸开关。

为了实现声控灯,将使用如图 1-67 所示的一个全新的电子单元——声音传感器模块,它可以感知外界声音的强度。

图1-67　声音传感器模块

这一模块由电路底板、三个针脚、可旋式灵敏度调节电位器和一个驻极体话筒构成。模块的核心是头部的驻极体话筒。该驻极体话筒中存在一个电容单元（即一个平行板电容器，两侧加上电压后可产生电场，电场大小与平行板的间距有关），单元的一侧是极薄的塑料膜片。由于声音在空气中以机械振动的形式传播，它可以随着接收声音的振动而振动，引起电容器结构的改变，从而产生变化的电压。声音越大，振动越剧烈，产生的电压也越大。该模块可以将这一电压的大小进行转换，以直流电压形式向外发送。灵敏度调节电位器则可用螺钉旋具拧动，调节模块对声音大小的敏感程度，改变它的测量值与实际声音大小的对应关系。

该模块三个针脚旁分别标注了OUT、VCC（Volt Current Condenser，电源正极供电口）和GND，它们分别代表信号口、正极接口和负极接口。与亮度传感器相似，只要将VCC和GND接至Arduino的5 V和GND针脚，模块就可以得到5 V的供电，它可以将声音大小转换为0～5 V的变化电压，经由OUT口发送出去。声音越大，电压越大；反之则电压越小。与前面学习的旋钮模块类似，该电压值同样可以使用"模拟输入"模块读取为0～1 023的整数值（图1-68）。

图1-68　声音大小、信号电压、模拟输入值的关系

2. 制作声控灯

在制作声控灯前，首先将声音传感器、RGB-LED模块与扩展板相连接，连线示意图如图1-69所示。

声音传感器的OUT口连接扩展板的A0口，VCC和GND口连接扩展板的5 V和GND口。

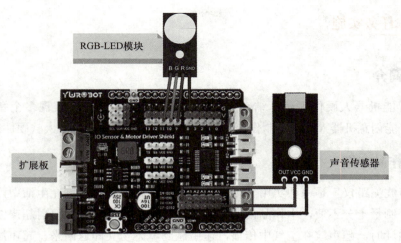

图 1-69　声音传感器、RGB-LED 灯模块与扩展板的连线示意

日常生活中常用的楼道声控灯的控制原理与前面学习过的延时灯相似，当声音大于一定值时点亮灯并延时一段时间，反之灯将熄灭。仿照延时灯的程序，可以画出如图 1-70 所示的声控灯程序流程图。

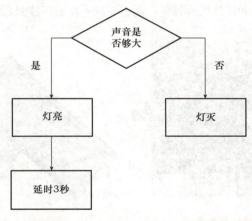

图 1-70　声控灯程序流程图

这里，声音是否够大需要通过判断声音的模拟输入值是否大于某一设定的阈值来获知。假定这一阈值是 512，则可以编写出如图 1-71 所示的控制程序。

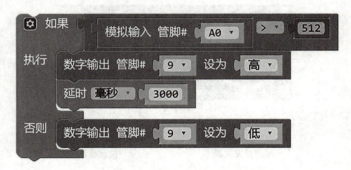

图 1-71　声控灯的实现程序

一、任务简介

通过智能机器人硬件平台，结合多种电子元器件，通过编程实现多个智能项目制作，完成智能创意机器人的作品制作全过程体验，从而了解智能机器人软硬件知识。

二、任务作品介绍

"超声波测距仪"是一种实用、可靠、高效的距离测量工具。在生活中，很多情况下使用尺子测量十分不便，本作品使用超声波传感器，向某一方向发射超声波，在发射的同时开始计时，超声波在空气中传播，途中碰到障碍物立即返回来，超声波接收器收到反射波就立即停止计时。声波在空气中的传播速度为 340 m/s，根据计时器记录的时间 t，就可以计算出发射点距障碍物的距离 s，这就是所谓的时间差测距法。同时，它拥有一块四位数码管模块，能够快速并清楚地显示测量结果。

使用 Nano 主控板和扩展板（图 1-72），结合超声波测距传感器、按钮传感器、四位数码管、无源蜂鸣器及电池和连接线等材料，制作一款手持超声波测距仪（图 1-73）。

图 1-72　Nano 主控板和扩展板　　　　图 1-73　手持超声波测距仪

1. 元器件介绍

（1）传感器：超声波传感器模块（图 1-74）。

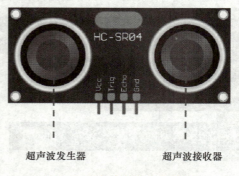

图 1-74　超声波传感器模块

超声波测距模块针脚说明如下：

1）VCC（电源正极）。VCC 引脚用于连接正极电源，通常连接到 5 V 电源引脚，提供给超声波模块所需的工作电压。

2）GND（电源负极）。GND 引脚用于连接负极电源，通常连接到地线，完成电路的闭合回路，提供电路所需的电流回流路径。

3）TRIG（超声波发送端信号接口）。TRIG 引脚是超声波模块的发送端信号接口，通过向该引脚输入一个短暂的高电平信号（通常为 10 微秒），来触发超声波模块发送一组超声波脉冲。

4）ECHO（超声波接收端信号接口）。ECHO 引脚是超声波模块的接收端信号接口，当超声波模块发送出的超声波脉冲被物体反射后，超声波接收器将接收到的返回超声波信号转化为电信号，并通过该引脚输出，其输出脉冲的宽度与超声波来回传播的时间成正比，可以用于测量物体与传感器的距离。

在 Mixly 中，为了方便我们在程序中使用"超声波测距"模块得到测距结果（图 1-75），在"传感器"模块组中找到"超声波测距"模块，填入 Trig 和 Echo 所连的管脚编号，即可直接返回测量的距离值（单位为厘米）。

图 1-75　串口显示超声波测距结果

（2）执行器：四位数码管显示模块。为了显示"超声波测距"模块测量出的数值，使用四位数码管显示模块（图 1-76）。该模块是一个 12 脚的带时钟点的四位共阳数码管的显示模块，只需两根信号线即可使单片机控制四位八段数码管。

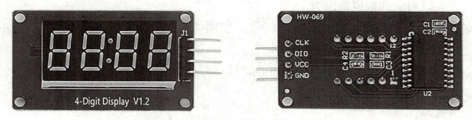

图 1-76　四位数码管显示模块正反面

1）控制接口。共四个引脚（GND、VCC、DIO、CLK），GND 为地，VCC 为供电电源，DIO 为数据输入输出脚，CLK 为时钟信号脚。

2）定位孔。共四个 M2 螺钉定位孔，孔径为 2.2 mm，使模块便于安装定位，实现模块间组合。

四位数码管程序如图 1-77 所示。

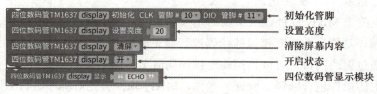

图 1-77　四位数码管程序

（3）无源蜂鸣器模块。Nano 主控板通过蜂鸣器的信号口向其输入高频振荡的数字电平信号，驱动蜂鸣器的发声部件按照电平信号的变化频率进行振动，从而发声。

无源蜂鸣器发声程序如图 1-78 所示。

图 1-78　无源蜂鸣器发声程序

2. 任务流程

（1）认识人工智能与智能机器人。

（2）认识 Arduino 主控平台。

（3）认识 Mixly 编程软件与编程基本操作。

（4）完成基础任务：智能灯；"超声波测距仪"作品线路连接与程序设计；"超声波测距仪"作品组装。

知识梳理

1. 请完成以下内容的填写。

（1）依照智能机器人的定义，可以将其分为三个组成部分：传感器，功能是_____；_____，功能是处理信息；_____，功能是执行命令。

（2）Arduino 板可以输出模拟电信号，使用"模拟输出"模块，输出电压范围是_____，对应的数值范围为_____。

（3）Arduino 板可以接收模拟电信号，使用"模拟输入"模块，返回的数值范围为_____。

（4）Arduino 板上和各类元器件上不同的接口都有其特定的功能，如 VCC：_____；GND：_____；OUT：_____。

2. 请选择正确的选项。

（1）下列属于人工智能应用的是（　　）。

　　A. 某公司采用指纹打卡机进行考勤管理

　　B. 小王与小李在网上进行下棋对战

　　C. 小明用手机看电影

（2）机器人语言是由（　　）表示的"0"和"1"组成的字串机器码。

　　A. 二进制　　　B. 十进制　　　C. 八进制

（3）以下关于 Mixly 软件说法错误的是（　　）。

　　A. 编译功能会自动对错误的代码进行修正

　　B. 通过更改端口，可以将同一个代码同时上传到不同的开发板

　　C. 上传操作包含编译（验证）操作，Mixly 软件会先对程序进行编译再上传

（4）观察图1-79所示程序，下列说法错误的是（　　）。

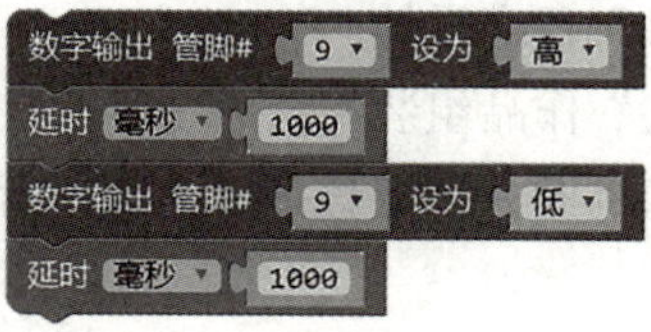

图1-79　（4）题程序

A. 程序运行一次的时间不超过2秒

B. 程序会从上往下依次运行

C. 这段程序会不断地循环运行

（5）对于图1-80所示模块的理解，下列说法错误的是（　　）。

图1-80　（5）题模块

A. i为常量，其值始终保持不变

B. 该模块为循环结构，会重复多次运行

C. i在程序循环过程中，每次递减100

3. 列举一些生活中常见的"智能机器人"，分析一下它们分别感知了环境的什么变化，能够做出什么反应。

常见的"智能机器人"	感知环境类型	反应类型
楼道里的声控灯	声音的大小	亮灯
智能空调	房间温度	调节风速和强度

4. 回顾课程中的案例和用到的程序，并完成下表。

案例＼程序	数字/模拟	输入/输出	输入或输出值
闪烁灯	数字	输出	高电平和低电平
呼吸灯			
按钮控制			
旋钮控制			

5. 我们已经完成了"创意智能机器人"课程任务，请按照计划完成课程任务（每完成一项，请在□内打"√"）。

（1）完成人工智能与机器人基础知识认识。　□

（2）完成Arduino主控平台认识。　□

（3）完成基础任务：智能灯制作。　□

(4) 完成"超声波测距仪"线路连接。　　　　　　　　　　　　　□
(5) 完成"超声波测距仪"程序设计。　　　　　　　　　　　　　□
(6) 完成"超声波测距仪"作品组装。　　　　　　　　　　　　　□
(7) 请记录在"创意智能机器人"课程任务完成过程中遇到的问题及解决办法。

遇到的问题：
_____
_____

解决办法：
_____
_____

📍 评价与总结

一、评价

指标	评价内容	分值	学生自评	小组互评	教师评价	企业评价	客户评价
工作活动探学（25分）	自测题完成情况	10					
	讨论情况	5					
	视频学习情况	10					
课中任务（45分）	第一个 Arduino 程序	5					
	点亮一盏小灯	5					
	小灯闪烁与交替点亮	5					
	让小灯越闪越快	5					
	用按钮控制小灯	5					
	有趣的呼吸灯	5					
	神奇的旋钮	5					
	调光灯	5					
	声控灯	5					
课后拓展（30分）	企业专家满意度	10					
	客户满意度	20					
合计		100					

二、总结

素质提升	提升	
	欠缺	
知识掌握	掌握	
	欠缺	
能力达成	达成	
	欠缺	
改进措施		

项目二

焊接基础

> **工作任务导入**

	项目二　工作任务书
工作任务意义	通过深入了解焊接技术的基础知识和实践技能，能够有效应对当前工业领域的需求，提高企业的生产效率和产品质量，为行业的发展贡献力量
客户要求	1. 帮助企业培养高素质的焊接技术人才，以满足日益增长的市场需求。 2. 提供实用的焊接技能培训，以增强企业的竞争力和生产力。 3. 促进企业与消费者之间的紧密合作，推动行业技术的创新和发展
工作职业特点	1. 焊接技术职业具有广泛的应用范围和就业机会，能够在各种行业中发展。 2. 焊接从业人员需要具备高度的专业知识和技能，能够独立完成复杂的焊接任务。 3. 焊接行业处于不断发展和变化之中，要求从业人员不断学习和提升自己的技能水平
工作任务要求	1. 了解焊接技术的基本原理和常用工艺。 2. 掌握常见的焊接设备和工具的使用方法。 3. 熟悉焊接过程中的安全操作规范和注意事项。 4. 学习焊接材料的选择和准备工作。 5. 掌握不同类型焊接接头的制作和检验方法
工作素质目标	1. 培养学员正确的职业态度和价值观，注重安全、质量和效率。 2. 提高学员的技术水平和解决问题的能力，培养他们成为行业的优秀从业者。 3. 通过大量实践训练，锻炼学员的动手能力和团队合作精神
课前准备及注意事项	课前准备： 1. 电子时钟套件、电子时钟前后壳。 2. 焊接设备（电烙铁、热风枪等）和焊接材料（焊锡丝、助焊剂等）。 3. 焊接工具（斜口钳、镊子等）。 4. 学习资料（焊接技术手册、教学视频等）。 注意事项： 1. 严禁带食品、饮料进教室，保持教室清洁、卫生。 2. 严禁在焊接操作室里抽烟、喧哗、打闹，保持操作室安静。 3. 使用电烙铁时必须与旁边同学保持安全距离，以防误伤。 4. 焊接元器件时注意区分正负极和方向，请勿接反，以防短路。 5. 在理论课讲解时，未经过任课教师许可，不得擅自打开电烙铁开关进行操作。 6. 爱护操作室内所有焊接工具，严禁擅自移动、拆卸、调换电烙铁上的烙铁头。使用途中发现问题，应及时报告教师处理

小组协作与分工

课前：请同学们根据异质分组原则分组协作完成工作任务，并在下表中写出小组内每位同学的专业特长与专业成长点。

组名	成员姓名	专业特长	专业成长点

知识导入

随着电子设备在人们日常生活中的普及，桌面电子焊接技术成为越来越多人所关注和需要的技能。如图 2-1 所示，生活中有着各种各样的电子设备。现代社会中，人们对电子产品的个性化需求日益增长，而掌握桌面电子焊接技术可以让我们更好地进行电子元器件的组装、修复和改进。

图 2-1 生活中常见的电子设备

假设你是一位电子爱好者,你可能会发现自己的耳机线断了,或者想要升级你的电子设备。这时,桌面电子焊接技术就派上了用场。通过学习和掌握桌面电子焊接技术,你可以轻松地修复耳机线,或者升级你的电子设备,让它们更符合你的个性化需求。

除了个人电子爱好者,桌面电子焊接技术也在学校、实验室和创客社区中得到了广泛应用。学生们通过学习桌面电子焊接技术,可以更好地理解电子原理,并且能够动手实践,完成各种电子项目。科研人员和创客们则可以利用桌面电子焊接技术,快速搭建原型,验证设计理念,加速创新的步伐。

思考与讨论:
(1)焊接技术在人们的生活中有哪些实际应用?对人们的日常生活有何影响?
(2)学习焊接技术有哪些好处?它能够带来哪些技能和机会?

知识准备

一、认识焊接技术

1. 电子焊接的定义

电子焊接是指在家庭、实验室或小型工作场所进行的电子元器件的焊接和连接工作。与工业焊接相比,电子焊接更侧重于小规模、精细化的电子元器件连接,通常涉及印制电路板(PCB)上的元器件焊接、电线的连接等工作。

2. 电子焊接的特点

（1）小规模化。电子焊接通常面向个人电子爱好者、学生或小型创客，焊接的规模相对较小。

（2）精细化。由于焊接的对象通常是微型电子元器件，因此，焊接工作需要更高的精确度和细致性。

（3）多样性。电子焊接涉及的元器件种类丰富，可以包括电阻、电容、芯片等各种类型的元器件。

（4）学习性强。电子焊接是许多电子爱好者学习电子技术的重要途径之一，因此，电子焊接具有较强的学习性和教育性。

（5）DIY性质。电子焊接通常与DIY（Do It Yourself，自己动手做）活动密切相关，可以让人们自行设计和制作各种电子设备。

电子焊接作为一项重要的电子技术，对于个人电子爱好者、学生及创客来说具有重要的意义和价值。掌握桌面电子焊接技术可以让人们更好地理解电子原理，并且能够实现自己的创意和想法。

二、了解焊接技术相关基础知识

1. 焊接的使用场景

焊接是一种常见的金属连接方法，广泛应用于各种行业和领域。以下是一些常见的焊接使用场景。

（1）制造业。在制造业中，焊接是最常见的金属连接方法之一。它被用于制造汽车、飞机、船舶、建筑结构等各种产品和设备的组装与修理。

（2）建筑和土木工程。在建筑和土木工程中，焊接常用于连接结构件，如钢框架、钢梁、钢管等，用于建造大型建筑物和桥梁等工程项目。

（3）航空航天。在航空航天领域，焊接被广泛应用于制造飞机、火箭、卫星等航天器件和设备的组装与修理。

（4）电子制造。在电子制造领域，焊接用于连接电子元器件和PCB板，如表面贴装技术（SMT）和插件焊接技术等。

（5）能源行业。在能源行业，焊接被用于制造和修理各种能源设备，如核电站、火力发电厂、输电线路等。

（6）医疗设备。在医疗设备制造领域，焊接用于制造医疗器械和设备，如手术器械、医用氧气管道等。

（7）船舶制造。在船舶制造领域，焊接是连接船体和船舶设备的主要方法，用于制造各种类型的船舶，如商船、军舰等。

（8）汽车制造。在汽车制造领域，焊接用于连接汽车车身和车架，以及制造汽车零部件，如车门、车轮等。

（9）家居装修。在家居装修领域，焊接用于连接金属家具、栏杆、楼梯等装饰物件，以及修理和加固家居结构。

2. 焊接的原理

焊接利用焊接铁或焊接笔的加热元件将焊料加热到熔点，然后将熔化的焊料涂抹在待连接的元器件和电路板焊盘上，通过凝固后形成的焊接点实现连接。

3. 焊接的方法

常见的焊接方法如手工焊接、表面贴装焊接（SMT）等。

4. 焊接安全

（1）在使用电烙铁时，应注意避免触及焊接头和其他热部件，以免造成烫伤。

（2）在焊接过程中，应保持电烙铁和焊料清洁，以确保焊接的质量和稳定性。

（3）使用电烙铁时要注意避免触及电路板的其他部件，以免造成损坏或短路。

5. 常见问题与解决方法

（1）焊点不牢固。可能是焊接时间不足或焊接温度不够，可以适当延长焊接时间或提高焊接温度。

（2）焊料溅出。可能是焊接速度过快或焊料质量不佳，可以调整焊接速度或更换焊料。

三、常见焊接形式

（一）焊接的定义

焊接是一种将两个或多个材料加热到熔点并施加压力，使其连接在一起的工艺。常见的焊接形式包括手工焊接和表面贴装焊接（SMT）两种。

1. 手工焊接

手工焊接是一种传统的焊接方法，如图 2-2 所示，通常使用焊锡丝和电烙铁。焊工手持电烙铁，加热焊锡丝使其熔化，并将熔化的焊料涂抹在连接部位，完成焊接。

图 2-2　手工焊接

2. 表面贴装焊接（SMT）

表面贴装焊接是一种现代化的焊接方法，主要应用于电子元器件的生产和组装。如图 2-3 所示，它通过将电子元器件直接贴装在印制电路板（PCB）的表面，并使用熔点较低的焊料将元器件焊接到 PCB 上，从而实现电路的连接和组装。

图 2-3　表面贴装焊接

（二）手工焊接与表面贴装焊接的比较

1. 手工焊接的优点、缺点

（1）手工焊接的优点。适用于小规模生产和维修工作，成本较低，操作简单，无须特殊设备，易于掌握。

（2）手工焊接的缺点。速度较慢，效率低，不适合大规模生产，焊接质量受操作人员技能影响较大，易出现焊接质量不稳定的问题。

2. 表面贴装焊接的优点、缺点

（1）表面贴装焊接的优点。适用于大规模生产，生产效率高；焊接过程自动化程度高，焊接质量稳定；可实现高密度组装，减小电路板尺寸，提高性能。

（2）表面贴装焊接的缺点。初始投资较高，设备和工艺要求高；对操作人员的技术要求较高，维护和管理成本较大。

总结：

手工焊接和表面贴装焊接各有其适用场景和优点、缺点。手工焊接适用于小规模生产和维修工作，成本较低，操作简单；而表面贴装焊接适用于大规模生产，具有高效率和稳定的焊接质量，但初始投资和技术要求较高。选择合适的焊接方式应根据具体需求和生产规模进行综合考虑。

四、贴片元器件介绍

（一）常见贴片元器件种类

常见的贴片元器件有贴片电阻、贴片电容等，如图 2-4 所示。

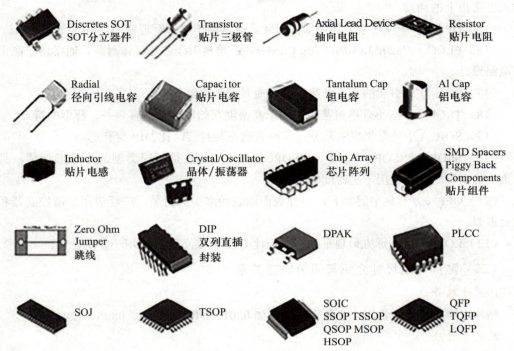

图 2-4 常见贴片元器件种类

（1）SOT 分立器件（Discretes SOT）：这类封装通常用于分立半导体器件，如二极管和晶体管，SOT 指的是小型封装晶体管。

（2）贴片三极管（Transistor）：半导体器件，用于放大或开关电子信号。

（3）轴向电阻（Axial Lead Device）：这是一种轴向引脚的电阻器，其引脚从两端伸出。

（4）贴片电阻（Resistor）：表面贴装电阻器，用于限制电流或分压，通常由陶瓷或金属膜制成。

（5）径向引线电容（Radial）：这是一种径向引线的电容器，通常用于滤波或耦合电路。

（6）贴片电容（Capacitor）：表面贴装电容器，常用于电路中的去耦、滤波或储能。

（7）钽电容（Tantalum Cap）：使用钽材料制成的电容器，具有高容量和稳定性的特点。

（8）铝电容（Al Cap）：铝电解电容器，通常用于大容量滤波和能量存储。

（9）贴片电感（Inductor）：用于存储电能的磁性元件，通常用于滤波器和振荡电路。

（10）晶体/振荡器（Crystal/Oscillator）：用于产生精确频率的器件，通常用于时钟电路和无线电频率。

（11）芯片阵列（Chip Array）：包含多个组件的阵列，通常用于信号处理和数据存储。

（12）贴片组件（SMD Spacers Piggy Back Components）：表面贴装的隔离组件，用于堆叠多个电路板或元件。

（13）跳线（Zero Ohm Jumper）：一种零电阻元件，常用于电路板上的电气连接或绕过部分电路。

（14）双列直插封装（DIP）：一种常见的集成电路封装形式，具有两列引脚，便于插入电路板上的插槽。

（15）DPAK：一种功率半导体器件封装，通常用于电源管理应用。

（16）PLCC（Plastic Leaded Chip Carrier）：塑料引线芯片载体封装，通常用于高密度电路设计。

（17）SOJ：J 形引线的表面贴装封装，通常用于存储器件。

（18）TSOP（薄型小外形封装）：用于高密度存储器件，具有扁平、薄型的特点。

（19）SOIC（小外形集成电路）：一种表面贴装封装，比 DIP 封装更小。

（20）SSOP、TSSOP、QSOP、MSOP、HSOP：这些是不同类型的小外形封装，具有更小的引脚间距，适用于高密度电路设计。

（21）QFP（方形扁平封装）：一种表面贴装的多引脚封装，广泛应用于微控制器和微处理器。

（22）LQFP（低外形方形扁平封装）：比 QFP 封装更薄，适用于紧凑设计。

（二）贴片电阻尺寸介绍与阻值对应关系

1. 尺寸编号

贴片电阻的尺寸通常用 4 个数字表示，如 0201、0402、0603、0805、1206 等。

2. 尺寸对应

（1）0201：长度为 0.6 mm，宽度为 0.3 mm。

（2）0402：长度为 1.0 mm，宽度为 0.5 mm。

（3）0603：长度为 1.6 mm，宽度为 0.8 mm。

（4）0805：长度为 2.0 mm，宽度为 1.25 mm。

（5）1206：长度为 3.2 mm，宽度为 1.6 mm。

封装尺寸对照表见表 2-1。

表 2-1　贴片电阻 / 电容封装尺寸对照表

英制/inch	公制/mm	长（L）/mm	宽（W）/mm	高（H）/mm	额定功率/W
0201	0603	0.60±0.05	0.30±0.05	0.23±0.05	1/20
0402	1005	1.00±0.10	0.50±0.10	0.30±0.10	1/16
0603	1608	1.60±0.15	0.80±0.15	0.40±0.10	1/10
0805	2012	2.00±0.20	1.25±0.15	0.50±0.10	1/8
1206	3216	3.20±0.20	1.60±0.15	0.55±0.10	1/4
1210	3225	3.20±0.20	2.50±0.20	0.55±0.10	1/3
1812	4832	4.50±0.20	3.20±0.20	0.55±0.10	1/2
2010	5025	5.00±0.20	2.50±0.20	0.55±0.10	3/4
2512	6432	6.40±0.20	3.20±0.20	0.55±0.10	1

3. 编号与阻值对应关系

贴片电阻的阻值通常由其编号表示，编号的前两个数字代表有效数字，第三个数字代表数量级的指数。

例如：

（1）100 Ω 的阻值编号为 101。

（2）1 kΩ 的阻值编号为 102。

（3）10 kΩ 的阻值编号为 103。

（4）100 kΩ 的阻值编号为 104。

（5）1 MΩ 的阻值编号为 105。

（三）贴片电容

贴片电容的尺寸和阻值表示方式与贴片电阻类似，如图 2-5 所示，尺寸通常由其长度和宽度决定，阻值则由其编号表示。以下是关于贴片电容的尺寸编号、尺寸对应和编号与容值的对应关系。

图 2-5 贴片电容

1. 尺寸编号

贴片电容的尺寸通常用 4 个数字表示，如 0201、0402、0603、0805、1206 等。

2. 尺寸对应

（1）0201：长度为 0.6 mm，宽度为 0.3 mm。

（2）0402：长度为 1.0 mm，宽度为 0.5 mm。

（3）0603：长度为 1.6 mm，宽度为 0.8 mm。

（4）0805：长度为 2.0 mm，宽度为 1.25 mm。

（5）1206：长度为 3.2 mm，宽度为 1.6 mm。

封装尺寸对照表见表 2-1。

3. 编号与容值对应关系

贴片电容的容值通常由其编号表示，编号的前两个数字代表有效数字，第三个数字代表数量级的指数。

例如：

（1）100 pF 的容值编号为 101。

（2）1 nF 的容值编号为 102。

（3）10 nF 的容值编号为 103。

（4）100 nF 的容值编号为 104。

（5）1 μF 的容值编号为 105。

（四）贴片元器件与直插元器件的区别

贴片元器件和直插元器件是电子电路中常见的两种元器件安装方式，它们在结构、安装方式、性能特点及应用领域等方面存在显著差异。下面就贴片元器件和直插元器件的区别与优点、缺点进行论述。

1. 贴片元器件

（1）结构差异。贴片元器件的引脚是平面的，直接焊接在电路板的表面上，无须穿孔。这使电路板可以实现更高的密度和更小的尺寸。

（2）安装方式。贴片元器件采用自动化生产线进行大规模生产和安装，如图 2-6 所示，工艺效率高，适用于大批量生产。

图 2-6　贴片设备

（3）性能特点。由于贴片元器件尺寸小、焊接表面积大，具有优良的高频特性和较低的电感效应，适用于高速信号传输和高频电路设计。

（4）应用领域。贴片元器件广泛应用于手机、平板电脑、笔记本电脑、电视等消费电子产品中，以及通信设备、汽车电子、医疗器械等领域。

（5）优点。尺寸小，适用于高密度布局设计，有利于实现微型化和轻量化。优良的高频特性，适用于高速信号传输和高频电路设计。自动化生产，生产效率高，成本相对较低。

（6）缺点。安装和维修难度较大，对焊接技术要求高。某些贴片元器件的散热性能较差，不适用于高功率应用。

2. 直插元器件

（1）结构差异。直插元器件的引脚直接插入电路板的孔中，通过焊接固定在电路板上，如图 2-7 所示。

（2）安装方式。直插元器件通常通过手工或半自动化生产线进行安装，适用于小批量生产和维修。

（3）性能特点。直插元器件相对于贴片元器件尺寸较大，散热性能较好，适用于高功率应用和需要手工维修的场合。

（4）应用领域。直插元器件主要应用于工业控制、电源系统、汽车电子、航空航天等领域，以及一些需要手工维修和调试的产品中。

（5）优点。安装和维修相对方便，不需要高超的焊接技术。散热性能好，适用于高功率应用和恶劣环境。

（6）缺点。尺寸较大，布局设计相对困难，不利于微型化和轻量化。高频特性较差，不适用于高速信号传输和高频电路设计。

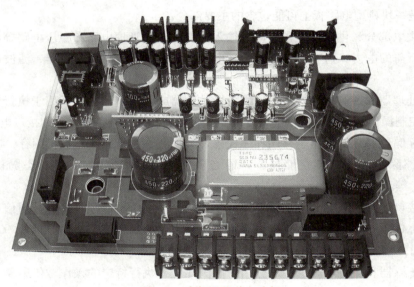

图 2-7　直插元器件电路板

3. 综合比较

贴片元器件具有尺寸小、高频特性好、生产效率高等优点，适用于大规模生产和高频电路设计。

直插元器件则具有安装维修方便、散热性能好、适用于高功率应用等优点，适用于小批量生产和一些特殊场合。

五、认识电路板

一块电路板是电子设备的基础组成部分，如图 2-8 所示，电路板由各种不同的部分构成，以满足电路的功能需求。

图 2-8 电路板

以下是一块典型电路板上可能包含的主要部分。

（1）供电部分。供电部分包括电源输入插口、电源管理电路和稳压电路等，用于提供电路板所需的电力。这些部分可能包括电源接头、整流电路、稳压器、滤波电容和保护电路等。

（2）处理器和控制器。这部分通常由微处理器或微控制器组成，用于执行电路的逻辑功能和控制操作。它可能包括中央处理器（CPU）、控制器、存储器和接口电路等。

（3）存储器。存储器用于存储程序代码、数据和临时信息。这包括闪存、EEPROM（带电可擦除可编程只读存储器）、静态随机存储器（SRAM）和动态随机存储器（DRAM）等。

（4）接口部分。这部分包括各种接口和连接器，用于与其他设备进行通信和连接。这可能包括 USB 接口、以太网接口、串行通信接口（如 UART、SPI 和 I2C）、GPIO（通用输入输出）接口等。

（5）传感器和执行器。这些部分用于监测环境或执行特定的操作。传感器可能包括温度传感器、湿度传感器、加速度计、陀螺仪和磁力计等，而执行器可能包括电机驱动器、继电器和 LED 驱动器等。

（6）时钟和定时器。时钟和定时器用于管理电路的时序及时间相关功能。这包括实时时钟（RTC）、计时器和计数器等。

（7）滤波和隔离电路。这些部分用于滤除噪声和干扰，并确保电路的稳定性和可靠性。这可能包括滤波器、隔离器、电感和电容等。

（8）电源指示灯和状态指示器。这些部分用于显示电路的工作状态和警报信息。其包括电源指示灯、状态 LED 和蜂鸣器等。

（9）辅助元器件。这些部分包括电阻、电容、电感、二极管和晶体管等基本元器件，用于构建电路的各种功能模块和子电路。

六、芯片工作原理

（1）指令读取。芯片启动时，首先从其存储器中读取指令。这些指令通常存储在非易失性存储器中，如闪存或 EPROM（可擦除可编程只读存储器）。读取过程通常由 CPU 的控制单元负责，它会根据当前执行的程序计数器（PC）指向的地址，逐条读取指令。如图 2-9 所示为构成 CPU 运行的结构框图。

（2）指令解码。读取到的指令需要被解码，以确定其类型和操作。解码阶段由 CPU 的指令解码单元负责。在这个阶段，CPU 会识别指令中的操作码（Opcode）及操作数（Operand），并确定指令需要执行的具体操作，如算术运算、逻辑操作、分支跳转等。

（3）指令执行。解码完成后，CPU 根据指令的类型和操作数执行相应的操作。其可能涉及对 CPU 内部寄存器中的数据进行操作，如算术运算（加法、减法等）、逻辑运算（与、或、非等）、存储和加载等。执行过程中可能会牵涉到访问内部寄存器、缓存和内存等。

（4）结果存储。指令执行完成后，CPU 会将计算得到的结果存储回内存中，或者存储到寄存器中以备后续使用。结果的存储通常由 CPU 的数据通路单元负责，它负责将结果写入内存或寄存器。

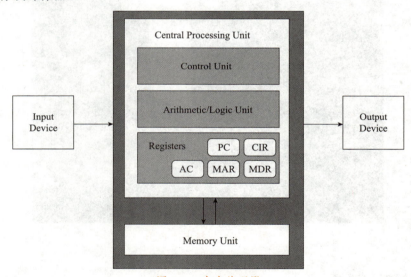

图 2-9 中央处理器

（5）指令跳转。在执行程序的过程中，可能会遇到分支指令或函数调用指令，这会导致程序的控制流发生变化。CPU 会根据指令中的条件或目标地址来跳转到相应的指令处继续执行。跳转指令的处理通常由 CPU 的控制单元负责。

（6）循环执行。CPU 会持续地重复以上步骤，不断地读取、解码、执行指令，直到程序执行结束或遇到终止条件。这个过程是高度自动化和高效的，使芯片能够快速、准确地执行各种复杂的程序和任务。

七、焊接技术与方法

焊接技术在电子制造领域具有至关重要的地位,它直接影响到电子产品的质量和性能。在实际应用中,常见的焊接技术主要包括表面贴装技术(SMT)和插件焊接技术。SMT 是一种现代化的焊接技术,它将元器件直接焊接在 PCB 的表面,而插件焊接技术则是将元器件通过插件孔插入到 PCB 上进行焊接。

SMT 技术的优势在于可以实现高密度的集成和自动化生产,适用于小型化、轻量化和多功能化的电子产品。而插件焊接技术则适用于对焊接质量要求不高的传统电子产品,其优势在于较低的成本和较简单的工艺流程。如图 2-10 所示,热风口加热,熔化元器件引脚与 PCB 之间的焊锡膏,完成焊接的步骤。

在具体的焊接过程中,还需要注意预热、电烙铁温度控制、焊接时间和角度等技术要点。预热可以减少焊接过程中的热应力,提高焊接质量;而合适的电烙铁温度可以确保焊锡丝能够充分熔化并有效地与焊接点接触;另外,控制好焊接时间和角度也是保证焊接质量的关键。

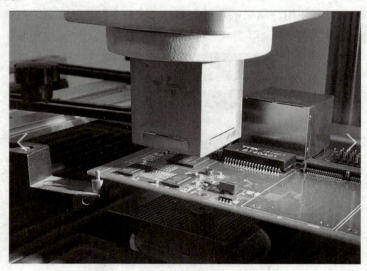

图 2-10　焊接中的 PCB

八、焊接材料与选择

在电子焊接过程中,选择合适的焊料(焊锡丝)至关重要。焊料的选择应考虑到焊接材料的特性、焊接环境和应用需求等因素。常见的焊料包括含铅焊料和无铅焊料。含铅焊料具有较低的熔点和较好的润湿性,但存在环境污染和健康风险。而无铅焊料虽然环保,但其熔点较高,焊接难度较大,需要更高的焊接温度和更长的焊接时间。

另外,不同直径的焊锡丝适用于不同的焊接需求。通常情况下,较细的焊锡丝适用于焊接小型元器件和精密电路,而较粗的焊锡丝适用于焊接大型元器件和较粗的线路。如图 2-11 所示为 0.8 mm 焊锡丝。

图 2-11 焊锡丝

九、焊接质量与检测

焊接质量的评估是保证电子产品质量的关键。焊接质量评估的标准和方法包括焊缝外观、焊点电阻、焊接强度等。焊缝外观是直观评价焊接质量的指标之一，合格的焊缝应呈现出均匀光滑的金属色泽，无裂纹和气泡等缺陷。焊点电阻和焊接强度则可以通过专业测试设备进行定量分析，以确保焊接质量符合标准要求。

在焊接过程中，可能会出现一些常见的缺陷，如焊渣、气泡、冷焊等。及时发现和解决这些缺陷对于提高焊接质量至关重要。

十、焊接工艺优化

为了提高焊接质量和效率，可以通过调整焊接工艺参数来优化焊接过程。例如，调整焊接温度、焊接速度、焊接角度和焊锡丝直径等参数，以达到最佳的焊接效果。另外，还可以使用先进的焊接设备和技术，如自动化焊接机器人和智能焊接控制系统，来提高焊接效率和一致性。

不断优化焊接工艺，可以有效地提高焊接质量、降低成本，从而满足不同电子产品的生产需求。

十一、安全与环保

焊接过程中需要注意安全和环保问题。操作人员应佩戴防护眼镜和手套，以防止烫伤和化学品溅射。另外，应在通风良好的环境中进行焊接，避免有毒气体的吸入。废弃焊料和废弃焊接设备应进行正确的处理及回收，以减少对环境的污染。

十二、未来发展趋势

随着科技的不断进步，电子焊接技术也在不断发展和创新。未来的焊接技术可能会更加智能化和自动化，如采用机器学习和人工智能技术来优化焊接工艺，提高焊接效率和一致性。另外，绿色焊接技术也将成为未来的发展趋势，如开发环保焊料和节能焊接设备，以减少对环境的影响，实现可持续发展。

十三、电路板设计过程

（1）需求分析。首先，设计团队与客户沟通，了解产品的功能和性能需求，确定电路板的规格、尺寸和布局要求。

（2）电路原理图设计。设计团队根据产品需求绘制电路原理图，即电路板上各组件的连接关系图。这一步通常使用电子设计自动化（EDA）软件完成，如 Altium Designer、Cadence 等。

（3）PCB 布局设计。在确定了电路原理图后，设计团队开始进行 PCB 布局设计。他们根据电路功能和空间约束，将各个元器件合理布置在 PCB 板上，并设计适当的线路连接，如图 2-12 所示。在布局设计中需要考虑信号完整性、电磁兼容性（EMC）、散热等因素。

（4）布线设计。在完成布局设计后，设计团队开始进行布线设计。他们根据电路连接需求，在 PCB 板上绘制线路连接，确保信号传输的稳定性和可靠性。布线设计需要考虑信号路径、阻抗匹配、信号干扰等因素。

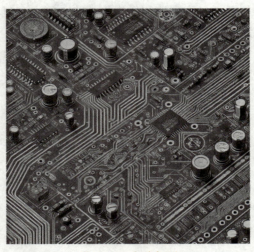

图 2-12　电路板图

（5）添加电源和地平面。在布线设计完成后，设计团队添加电源和地平面，以提供稳定的电源供应和良好的接地，同时减少信号干扰。

（6）设计审查和修改。完成电路板设计后，设计团队进行内部审查，并根据反馈进行必要的修改和优化，确保设计符合要求。

（7）生成 Gerber 文件。设计团队根据设计完成的电路板图，生成 Gerber 文件，这是用于制造 PCB 板的标准文件格式，包括布线图层、焊盘图层、丝印层等。

十四、电路板制造过程

（1）材料准备。制造厂商根据 Gerber 文件，准备所需的基板材料（通常是玻璃纤维增强环氧树脂基材），以及其他材料，如铜箔、阻焊剂、印刷油墨等。

（2）印刷线路图案。首先，在基板表面涂覆一层导电油墨，然后使用光刻技术，通过光刻胶和掩膜将设计好的线路图案转移到基板表面,形成导电线路。

(3) 蚀刻铜箔。使用化学蚀刻方法,将未被光刻胶保护的铜箔部分蚀刻掉,留下设计好的导线图案。

(4) 钻孔和添加元器件焊盘。使用钻床在适当位置钻孔,用于安装元件。然后,在孔内涂覆一层导电油墨,形成焊盘,以便焊接元器件。

(5) 阻焊层和丝印层。在 PCB 表面覆盖一层阻焊剂,用于保护线路和焊盘。同时,在 PCB 表面添加丝印层,标记元器件位置、电路标识等信息。

(6) 元器件安装。使用自动贴片机或手工方式,将电子元器件精确地安装在 PCB 板上,然后通过回流焊接或波峰焊接等方法,将元器件焊接到焊盘上。

(7) 测试和检验。完成焊接后,对电路板进行功能测试和质量检验,确保焊接质量和性能符合要求。

(8) 组装和包装。最后,将已经通过测试和检验的电路板进行组装,并根据客户要求进行包装,以便于运输和销售。

十五、小猫时钟介绍

(一) 整体介绍

数字焊接时钟套件是一种电子 DIY 套件,能够组装成一个具有数字显示功能的时钟。如图 2-13 和图 2-14 所示,它由前面板和背面板组成,具有多种功能模块,包括 LED 显示模块、数码管显示模块、单片机控制模块、时钟芯片模块及一些传感器和按钮模块。

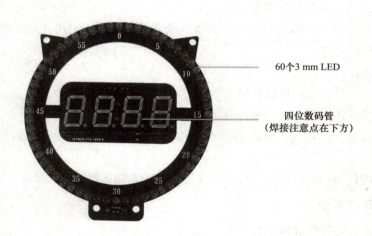

图 2-13 小猫时钟正面

(二) 主要组成部分

1. 前面板

(1) LED 显示模块:由 60 个 LED 灯组成,用于显示时钟的小时、分钟和秒数。

(2) 四位数码管:用于显示时钟的具体时间。

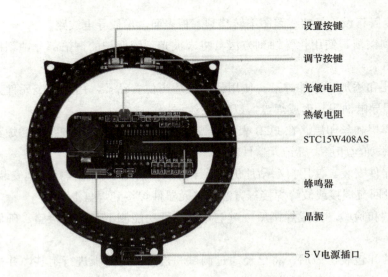

图 2-14 小猫时钟反面

2. 背面板

(1) 按键调节按钮:用于调节时钟的时间设置和功能选择。

(2) 单片机控制模块:采用单片机作为控制核心,负责处理时钟的逻辑控制和显示功能。

(3) DS1302 时钟芯片:负责实时时钟功能,包括时、分、秒和日期等信息的存储与管理。

(4) 蜂鸣器:提供报警功能,用于在设定时间到达时发出提示音。

(5) 光敏电阻和热敏电阻:用于感知环境光线和温度,可用于自动调节背光亮度和时钟的温度补偿功能。

3. 主要功能

(1) 数字时钟显示:可以精确显示小时、分钟和秒数。

(2) 报警功能:可以设定闹钟时间,到达设定时间时发出蜂鸣提示音。

(3) 光敏和热敏功能:可以感知环境光线和温度,根据实际情况调节亮度和补偿时钟的温度。

(4) 按键调节:可以通过按键进行时间设置和功能选择。

(三)元器件清单

小猫时钟的元器件清单见表 2-2。

表 2-2 小猫时钟的元器件清单

名称	封装	焊接位置	数量
STC15W408AS	SOP28	U1	1
DS1302	SOP8	U2	1
1kΩ 电阻	0805	R3～R11	9

续表

名称	封装	焊接位置	数量
10kΩ 电阻	0805	R1、R2	2
10 pF 瓷片电容	0805	C1、C2	2
32.768 kHz 晶振	插件	Y1	1
S9012	SOT-23	Q1	1
光敏电阻	插件	光敏	1
热敏电阻	插件	热敏	1
蜂鸣器	插件	U3	1
CR1220 电池座	贴片	BT1	1
CR1220 电池		BT1	1
T 形电源座	插件	J1	1
3 mm×6 mm 轻触按键	贴片	设置、加键	1
数码管	插件	DS1	1
3 mm 红发红 LED	插件		15
3 mm 蓝发蓝 LED	插件		55
T 形电源线			1

（四）焊接套件各部分器件及原理图介绍

小猫时钟的电路原理图如图 2-15 所示。

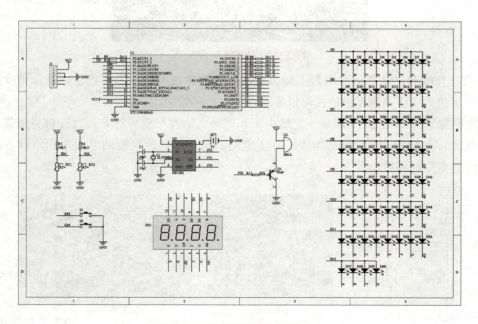

图 2-15 小猫时钟的电路原理图

（1）主控供电部分。如图 2-16 所示，此时钟采用 STC15W408AS 型号主控芯片，主控芯片就是整个时钟的"大脑"，内部带有程序，控制电路板上的其他元器件，实现时钟功能。供电口为下方 USB 5 V 供电，如图 2-17 所示。

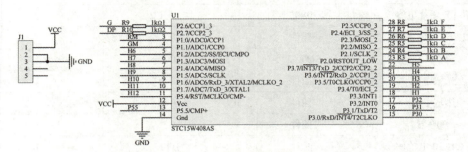

图 2-16　主控供电原理图

图 2-17　USB 5 V 供电口

（2）光敏和热敏部分。时钟上装有光敏电阻和热敏电阻，通过程序计算，可以测得目前环境的光线值和温度值，并可以显示在前方数码管上。

电路原理：如图 2-18 所示，光敏电阻和热敏电阻会根据外界条件改变自身阻值（物理特性），并分别和 R1、R2 构成了分压电路，芯片通过读取到的电压不同，计算出不同的环境亮度与环境温度。

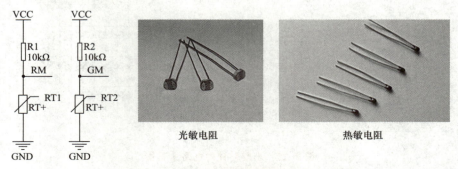

图 2-18　光敏和热敏部分

（3）时钟部分。时钟原理图如图 2-19 所示，DS1302 是一款常用的时钟模块，内部具有精准的定时器，可以作为时间的运行模块。DS1302 可以通过安装纽扣电池始终运行；可以做到时钟断电后，依然保持运行状态，做到掉电不掉时，初次开机只需设置一次时间。Y1 为时钟芯片的外部晶振，使其运行更加精准。实物图如图 2-20 所示。

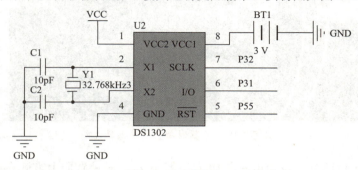

图 2-19　时钟原理图

图 2-20　时钟模块

（4）蜂鸣器部分。如图 2-21 所示，U3 BELL 为蜂鸣器，通常作为电子设备中的报警装置，蜂鸣器的启动电流很大，一般用图 2-21 所示的方式驱动，通过 Q1 三极管作为电流开关，驱动蜂鸣器正常运行。实物图如图 2-22 所示。

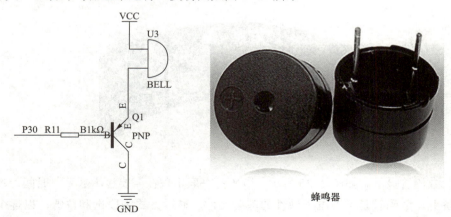

图 2-21　蜂鸣器

图 2-22　小猫时钟上的蜂鸣器

（5）设置按钮部分。按钮电路图如图 2-23 所示，时钟背面上方装有两个按钮，按钮按下时导通，芯片引脚连接到 GND，此时读取到低电平，即判定按下按钮。实物图如图 2-24 所示。

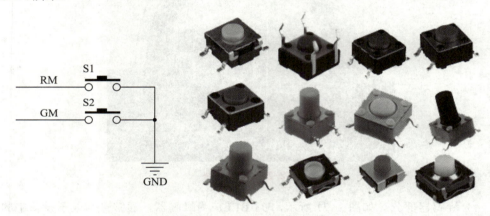

图 2-23　常见的按钮

图 2-24　小猫时钟上的按钮

（6）数码管显示。如图 2-25 所示，数码管一般出现在需要显示数字、时间等场合的电子设备上，数码管是学习电子硬件的基础元件，显示方式为段选和位选，以逐个扫描的方式来显示不同的数字。实物图如图 2-26 所示。

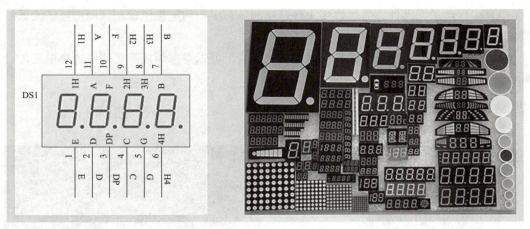

图 2-25 常见的数码管

图 2-26 小猫时钟上的数码管

（7）发光 LED 部分。发光 LED（Light Emitting Diode）是一种半导体器件，如图 2-27 所示，具有将电能转化为光能的特性。它是一种固态光源，能够在电流通过时发出可见光。实物图如图 2-28 所示。

（五）焊接使用工具介绍

1. 电烙铁

如图 2-29 所示，电烙铁通常由两个主要部分组成：加热元件和焊接头。加热元件通常是一根细长的金属棒，可以通过电源供电，在接近焊接头的位置产生高温。焊接头是加热元件的末端，通常是金属材料，可用于加热焊料和将其应用到连接位置。电烙铁通常配有温度控制功能，以便用户根据焊接需要调节加热温度。

（1）电烙铁的功能。

1) 加热焊料。电烙铁加热焊料将其熔化，使其成为连接电子元器件和电路板的液态介质。

2）焊接电子元器件。通过焊接头将熔化的焊料应用到连接位置，从而将电子元器件固定到电路板上。

3）控制温度。一些电烙铁具有温度控制功能，可以根据焊接需要调节加热温度，以确保焊接的准确性和稳定性。

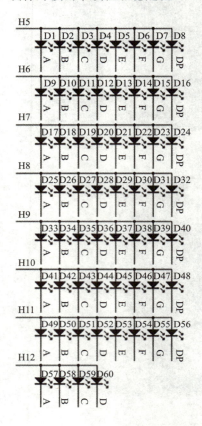

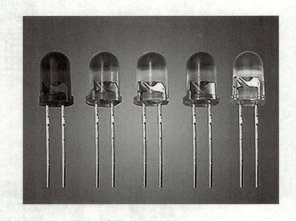

LED常出现在生活中的各种场合，是非常常见的元器件，一般长脚为LED的正极。

图 2-27 常见的 LED 灯

图 2-28 小猫时钟上的 LED 灯

（2）电烙铁使用注意事项。

1）在使用电烙铁时，应注意避免触及焊接头和其他热部件，以免造成烫伤。

2）在焊接过程中，应保持电烙铁和焊料清洁，以确保焊接的质量和稳定性。

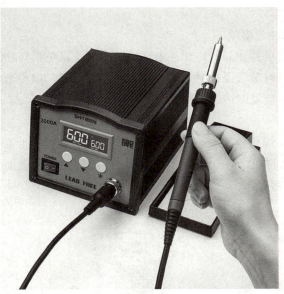

图 2-29 电烙铁

3）使用电烙铁时要注意避免触及电路板的其他部件，以免造成损坏或短路。

2. 斜口钳

如图 2-30 所示，斜口钳是一种手持工具，通常由两个长而尖的夹持头组成，其夹持头的设计使其能够夹持并固定小型电子元器件、电路板和导线等物品。斜口钳的名称来自其夹持头呈斜角的设计，这使其在夹持小型物品时更加灵活和精准。

图 2-30 斜口钳

（1）斜口钳的功能。

1）夹持物品。斜口钳可以轻松夹持和固定各种小型电子元器件、电路板及导线，使其在焊接过程中更加稳定和便捷。

2）调整位置。由于斜口钳的夹持头设计具有一定的角度和弯曲，因此，可以用来调整焊接位置，使其更适合焊接操作。

3）剪线功能。一些斜口钳的夹持头具有剪线切割功能，可以用来剪断导线或焊料，方便焊接操作。

（2）斜口钳使用注意事项。

1）在使用斜口钳夹持物品时，要注意夹持的力度，以免损坏物品。

2）使用斜口钳进行剪线操作时，要注意保持手部稳定，以免造成手部伤害。

3）使用完斜口钳应及时清洁并妥善存放，以延长其使用寿命。

3. 焊锡丝

如图 2-31 所示，焊锡丝是一种细长的金属丝，通常由焊锡合金制成，其直径可以根据需要而不同，常见的规格有 0.5 mm、0.8 mm 等。焊锡丝的表面通常覆盖有一层保护剂，用于防止氧化和污染。

图 2-31 焊锡丝

（1）焊锡丝的功能。

1）连接电子元器件。焊锡丝通过加热熔化焊料，将电子元器件连接到电路板或其他组件上。焊锡丝在加热后变成液态，并与被连接的元器件表面形成可靠的连接。

2）填充焊接接头。焊锡丝可以用来填充焊接接头的间隙，使其更加牢固和稳定。

3）修复焊点。当焊接接头出现缺陷或需要修复时，可以使用焊锡丝进行修复操作，从而恢复焊接点的功能和可靠性。

（2）焊锡丝使用注意事项。

1）在使用焊锡丝进行焊接时，应注意控制加热温度，以避免焊接过热或焊接不足。

2）使用焊锡丝时要注意避免使用过多的焊料，以免造成焊料溢出或短路现象。

3）在存放焊锡丝时，应注意避免受潮和受热，以防止焊料的氧化和变质。

4. 镊子

如图 2-32 所示，镊子是一种手持工具，通常由两个尖细的夹持头和一条手柄组成。夹持头的设计使其能够夹持并固定小型电子元器件、焊接线、焊锡等物品。镊子的手柄部分通常设计成握持舒适的形状，方便用户使用。

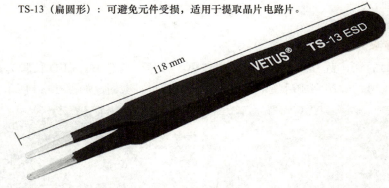

TS-13（扁圆形）：可避免元件受损，适用于提取晶片电路片。

图 2-32　镊子

（1）镊子的功能。

1）夹持物品。镊子可以轻松夹持和固定各种小型电子元器件、焊接线、焊锡等，使其在焊接过程中更加稳定和便捷。

2）调整位置。由于镊子的夹持头设计细长而灵活，因此可以用来调整焊接位置，使其更适合焊接操作。

3）清除焊料。镊子的尖细夹持头可以用来清除焊接过程中产生的焊料残渣，以保持焊接点的清洁和良好的连接。

（2）镊子使用注意事项。

1）在使用镊子夹持物品时，要注意夹持的力度，以免损坏物品。

2）使用镊子进行调整时，要注意保持手部稳定，以免造成误操作或损伤。

3）使用完镊子应及时清洁并妥善存放，以延长其使用寿命。

（六）焊接流程演示

1. 注意事项

（1）按照元器件清单、元器件参数和焊接位置对应焊接，不要焊接元器件。

（2）LED、DS1302、主控芯片、三极管、蜂鸣器、电池座、T形电源接口需要区分正负极。

（3）焊接时间不宜过长，否则会损坏电路板及元器件。

2. 焊接顺序

（1）正面的红、蓝 LED（5 的倍数焊红色，其他焊蓝色）；

（2）背面的单片机（芯片：DS1302、STC15）；

（3）背面电阻、电容；

（4）三极管；

（5）晶振、蜂鸣器；

（6）电池座（焊接好后再安装电池）；

（7）数码管（注意小数点方向）；

(8)热敏电阻、光敏电阻;

(9)按钮;

(10)USB 电源接口。

3. 焊接步骤

(1)正面的红、蓝 LED(5 的倍数焊红色,其他焊蓝色)。LED 长脚为正极,对应 PCB 板上的 + 号。焊接完成后使用斜口钳将多余的引脚剪断,如图 2-33 所示。

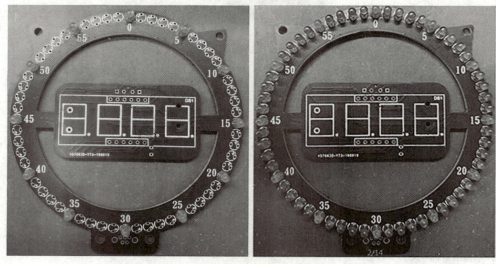

图 2-33 焊接步骤 1(LED 灯)

(2)芯片凹点方向对准缺口方向,如图 2-34 所示。注意每个相邻引脚不要连锡连在一起,每个引脚不要虚焊。

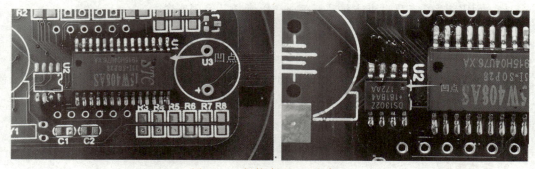

图 2-34 焊接步骤 2(芯片)

(3)焊接贴片电阻。其中 R1、R2 焊接 10 kΩ 电阻,如图 2-35 所示。

(4)焊接晶振、蜂鸣器。其中晶振不区分极性,蜂鸣器长脚为正,如图 2-36 所示。

(5)焊接三极管。三极管所在为 Q1 位置,需注意方向,如图 2-37 所示。

(6)焊接光敏电阻、热敏电阻(不区分极性)。两电阻间需预留一定距离,如图 2-38 所示。

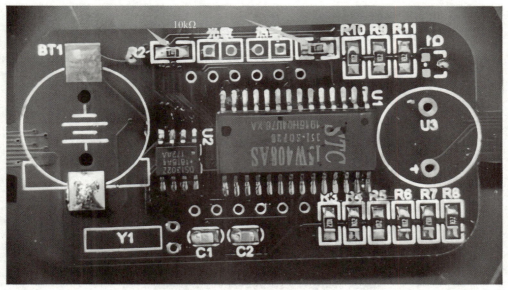

图 2-35　焊接步骤 3（贴片电阻）

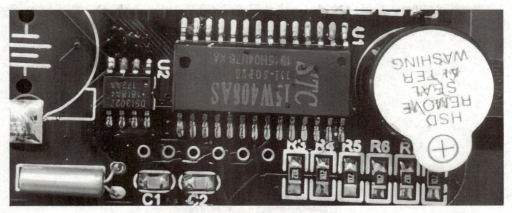

图 2-36　焊接步骤 4（晶振、蜂鸣器）

图 2-37　焊接步骤 5（三极管）

图 2-38 焊接步骤 6（光敏电阻、热敏电阻）

（7）焊接纽扣电池座（区分方向）。注意焊接时间不宜过长，安装方向如图 2-39 所示。

图 2-39 焊接步骤 7（纽扣电池座）

（8）焊接按钮。注意不要和 LED 的引脚连在一起，如图 2-40 所示。

图 2-40 焊接步骤 8（按钮）

（9）焊接数码管（区分方向）。数码管方向如图 2-41 所示。

图 2-41　焊接步骤 9（数码管）

（10）焊接 USB 供电插座。注意引脚不要焊接在一起，如图 2-42 所示。

图 2-42　焊接步骤 10（USB 供电插座）

📄 工作任务实施

一、焊接任务目标流程书

1. 任务简介

通过焊接技术基础知识的学习，认识各种电子元器件；通过焊接，组装电子时钟，完成焊接电子时钟的作品全过程体验，了解焊接相关元器件工作原理。

2. 任务作品介绍

小猫时钟是一种实用、便携、炫酷的查看时间工具。本作品使用焊接加工工艺，将各个元器件焊接在 PCB 电路板上。

3. 任务流程

（1）认识焊接技术相关基础知识。
（2）认识小猫时钟元器件及元器件的工作原理。
（3）认识焊接工具及焊接材料。
（4）完成小猫时钟元器件焊接。
（5）掌握焊接方法和技巧。
（6）小猫时钟作品组装。

二、焊接计划任务自评表

前面已经学习了焊接基础，请按照计划完成课程任务（每完成一项，请在□内打"√"）。

（1）完成焊接技术相关基础知识认识。　　　　　　　　　　　　　　　□
（2）完成小猫时钟元器件及元器件工作原理认识。　　　　　　　　　　□
（3）完成焊接工具及焊接材料认识。　　　　　　　　　　　　　　　　□
（4）完成小猫时钟元器件焊接。　　　　　　　　　　　　　　　　　　□
（5）掌握焊接方法和技巧。　　　　　　　　　　　　　　　　　　　　□
（6）完成小猫时钟作品组装。　　　　　　　　　　　　　　　　　　　□
（7）请你记录在焊接基础课程任务完成过程中遇到的问题及解决办法。

遇到的问题：
_____
_____
_____

解决办法：
_____
_____
_____

📝 知识梳理

1. 请完成以下内容的填写。

（1）焊接方式。
手工焊接特点：_____。
机器焊接特点：_____。
（2）LED 灯区分_____，长脚为_____，短脚为_____。
（3）焊接所使用的工具：_____、_____、_____、_____。
（4）电烙铁使用时，要配置烙铁架，烙铁架一般放于_____，注意电源线不要与烙铁头相碰，以防_____。

2. 请选择正确的选项。

(1) 焊接小猫时钟时,以下步骤错误的是( )。

　　A. 焊接前检查焊点是否干净

　　B. 使用合适的焊接工具和材料

　　C. 焊接过程中不断调整焊台温度

　　D. 焊接完成后立即检查焊点质量

(2) 下列领域对焊接技术的需求最高的是( )。

　　A. 航空航天　　　　　　B. 汽车制造

　　C. 建筑行业　　　　　　D. 家电制造

(3) 一个贴片电阻上面显示 302,则它的阻值为( )Ω。

　　A. 302　　　　　　　　B. 3 000

　　C. 300　　　　　　　　D. 30 000

(4) 以下对元器件认识错误的是( )。

　　A. 蜂鸣器区分正负极,发出响声,起到提示作用

　　B. 按钮 S1 是调节灯光,按钮 S2 是设置时间

　　C. 电池座的作用是给小芯片供电

　　D. 光敏电阻检测环境光线,热敏电阻检测环境温度

(5) 以下说法错误的是( )。

　　A. 电阻不分方向,但有不同的阻值,焊接时需要区分

　　B. 数码管焊接注意有点的方向朝下

　　C. 晶振需要区分正负极

　　D. IC 芯片焊接需区分方向,芯片上的缺口对应 PCB 板上的白点

3. 列举四个焊接的应用领域,并分析它们的应用领域有哪些用途。

应用领域	用途
航空航天	机身、发动机和燃油系统的连接

4. 回顾课堂中的焊接基础知识,完成下面的表格。

元器件	焊接位置	作用
蜂鸣器	U3	发出声音,起到提示的作用
数码管		
光敏电阻、热敏电阻		
贴片三极管		
晶振		

续表

元器件	焊接位置	作用
贴片电阻		
贴片电容		
电池座		
芯片IC		
轻触开关		
DC电源座		

评价与总结

一、评价

指标	评价内容	分值	学生自评	小组互评	教师评价	企业评价	客户评价
工作活动探学（30分）	自测题完成情况	10					
	讨论情况	10					
	视频学习情况	10					
课中任务（40分）	小猫时钟介绍	5					
	元器件清单	10					
	焊接套件各部分器件及原理图介绍	10					
	焊接使用工具介绍	5					
	焊接流程演示	10					
课后拓展（30分）	企业专家满意度	10					
	客户满意度	20					
	合计	100					

二、总结

素质提升	提升	
	欠缺	
知识掌握	掌握	
	欠缺	
能力达成	达成	
	欠缺	
改进措施		

项目三

无人机组装与航拍

> 工作任务导入

	项目三　工作任务书
工作任务意义	学习无人机的意义是多方面的，它不仅涉及技术层面，还关联到教育、经济、社会等多个领域。通过系统化课程的学习，不仅能够掌握一项新技术，也是对个人综合素质的提升
客户要求	无人机行业作为我国的新兴行业，人才缺口大。系统地学习无人机组装与航拍可以填补企业相关人才缺口，提高产品力，同时也提升个人综合能力及相应的薪水报酬
工作职业特点	1. 无人机相关职业有高度的灵活性，工作者可以自主决定工作内容、时间和地点。 2. 无人机需要工作者具备一定环境适应能力，适应新技术以进行创新和应用。 3. 无人机职业要求从业者有实际操作经验，包括无人机的组装、调试、飞行控制和维护
工作任务要求	1. 了解无人机与无人机航拍相关基础知识。 2. 了解无人机的由来及发展历程。 3. 了解无人机飞行基本原理与组成部分。 4. 认识无人机核心飞控平台。 5. 学习航拍基础知识及飞行注意事项。 6. 掌握无人机零部件作用及安装方法。 7. 学习简单电路连接方法。 8. 实践体验，了解无人机的飞行原理与桨叶安装思路
工作素质目标	1. 锻炼对无人机组装的全局统筹能力，增强安全操作的良好意识，培养精益求精的工作态度。 2. 通过完整组装数量庞大的无人机零件，培养精益求精、坚持不懈的工作态度
课前准备及注意事项	课前准备： 1. F450无人机套件及螺钉旋具套件。 2. 备用螺钉、螺钉旋具、无人机各零部件。 注意事项： 1. 严禁带食品、饮料进教室，保持教室清洁、卫生。 2. 严禁在实验室内嬉戏、喧哗、打闹，保持实验室安静。 3. 使用电子类设备时须远离水或其他液体，以防短路。 4. 未经任课教师许可，不得擅自卸载或安装计算机软件。 5. 未经任课教师许可，不得更换计算机桌面壁纸。 6. 禁止用实验室计算机设备操作无关学习方面的东西（如玩游戏、看视频等）。 7. 爱护实验室内一切设备设施，严禁擅自移动、拆除、调换任何机器硬件、仪器。使用途中发现问题，应及时报告教师处理

小组协作与分工

课前：请同学们根据异质分组原则分组协作完成工作任务，并在下表中写出小组内每位同学的专业特长与专业成长点。

组名	成员姓名	专业特长	专业成长点

知识导入

随着无人机行业的兴起，不少企业都开始生产各式各样的无人机。知名物流企业顺丰快递曾经自主研发一款物流无人机，代号"双尾蝎"，如图 3-1 所示。此项目获得我国军方的青睐，并被改造为军用无人轰炸机。

同时，无人机在农业中的应用越来越广泛，它们被用于农作物监测、病虫害防治、播种、施肥和喷洒农药。通过搭载高清摄像头和多光谱传感器，无人机能够提供农作物生长状况的实时图像，帮助农民做出更精准的管理决策。

图 3-1 "双尾蝎"无人机

思考与讨论：

（1）除了农业、物流、军工行业，无人机还在哪些行业中应用？

（2）我们常见的无人机属于哪种行业中的应用？

知识准备

一、认识无人机

（一）无人机的定义及特点

无人机（Unmanned Aerial Vehicle，UAV）是一种不需要人操控直接进行飞行的飞行器，通过电子设备、传感器和自动控制系统等技术实现飞行控制及任务执行。它具有自主性和灵活性，能够执行各种任务，如航拍摄影、地形测绘、农业监测等。无人机搭载各种传感器和设备，可以在短时间内高效地完成任务，提高工作效率并减少人力和时间成本。其安全性能也使其适用于危险或环境恶劣的工作场所。无人机的出现为各个领域的任务执行带来了新的可能性，为技术的发展和社会的进步贡献了力量。

（二）无人机的优势

不少企业已经意识到无人机应用是未来的趋势。因此，越来越多的企业开始研发及使用无人机进行各项作业。那么，无人机对比传统飞机有哪些优势呢？

（1）成本效益。相比传统的航空或地面作业，无人机通常成本更低。它们可以减少人力成本，降低燃料费用，并且不需要进行飞行员训练及考取飞行员执照。

（2）灵活性与机动性。无人机可以在复杂的地形和环境中进行操作，如山区、沼泽地、高海拔地区等，以及灾难现场或其他难以到达的地方。它们可以快速响应需求，并且不受地面交通状况的限制。

（3）实时数据采集。无人机配备了各种传感器和摄像头，可以实时采集各种数据，如高分辨率图像、视频、气象数据等。这些数据可以帮助人们做出实时决策，监测环境变化，并提高工作效率。

（4）安全性。在一些危险或高风险环境中，使用无人机可以减少人员暴露于危险中的风险。它们可以执行风险高的任务，如火灾监测、核辐射测量等，而不会威胁人员的生命安全。

（5）环保。与传统的作业方式相比，无人机通常具有较小的环境影响。它们通常使用电池或其他清洁能源，减少了对大气和水源的污染，并且减少了噪声和挥发性有机化合物的排放。

（6）高精度和高效率。无人机可以在短时间内完成大量工作，如航拍、勘测、监测等。它们通常具有较高的定位精度和飞行稳定性，可以提供高精度的数据和结果。

（三）无人机的类型

无人机可以按不同的方法进行分类，包括但不限于使用目的及应用、尺寸、飞行方式、载荷等。

1. 按飞行方式分类

（1）多旋翼无人机。多旋翼无人机（如四旋翼、八旋翼）的主要优点如下：

1）垂直起降能力。多旋翼无人机可以像直升机一样垂直起降，无须长距离跑道，适用于狭小的场地，方便快捷。

2）稳定性高。多旋翼结构简单，通过调整每个旋翼的转速来实现姿态控制，因此具有较高的稳定性，能够在空中悬停。

3）灵活性强。多旋翼无人机可以在狭窄、复杂的环境中自由飞行，具有灵活性和机动性，适用于各种应用场景。

4）易于操作。由于多旋翼无人机的控制相对简单，操作起来较为容易，即使是新手也能够快速上手。

5）多用途性。多旋翼无人机可用于航拍、监测、侦察、搜索救援等各种民用和军事领域，应用范围广泛。

由于结构的问题，这类无人机也有以下一些缺点：

1）飞行时间有限。多旋翼无人机的电池续航能力通常较低，飞行时间有限，一般在20分钟至1小时，无法长时间执行任务。

2）受风影响大。多旋翼无人机对风的敏感度较高，风速过大时可能影响飞行稳定性，限制了其在恶劣天气条件下的应用。

3）承载能力有限。由于结构和动力系统的限制，多旋翼无人机的承载能力相对较低，无法携带大型或质量较重的荷载。

4）噪声较大。由于多个旋翼同时运转，多旋翼无人机的噪声相对较大，可能会干扰周围环境或人员。

5）航程受限。由于电池容量和飞行效率的限制，多旋翼无人机的航程相对有限，无法执行需要长距离飞行的任务。

综上所述，多旋翼无人机具有灵活性高、操作简单等优点，但也存在飞行时间短、受风影响大等缺点，需要根据具体应用需求进行选择。

（2）固定翼无人机。固定翼无人机相比多旋翼无人机，用处不同，也有着不同的优点、缺点。其主要优点如下：

1）长航程。固定翼无人机通常具有更长的航程，能够飞行更远的距离，适合执行需要覆盖广阔区域的任务。

2）较长飞行时间。相比多旋翼无人机，固定翼无人机通常具有更长的飞行时间，可以持续执行数小时甚至更长时间任务。

3）高速飞行。固定翼无人机能够实现较快的飞行速度，因此适用于需要快速到达目的地的任务，如快递投递或紧急医疗运输等。

4）较大承载能力。由于其设计结构和动力系统的不同，固定翼无人机通常能够承载更大质量的荷载，如传感器、摄像机、通信设备等。

5）耐风能力强。固定翼无人机相对于多旋翼无人机更能够抵御风力，因此在较强风条件下的飞行稳定性更高。

相比多旋翼无人机，固定翼无人机存在的主要缺点如下：

1）需要起降跑道。与多旋翼无人机不同，固定翼无人机需要较长的跑道进行起降，因此，在狭小或限制条件下的场地操作相对不便。

2）较复杂的操控。相对于多旋翼无人机，固定翼无人机的操控相对复杂，需要更多的飞行技能和经验。

3）不适合悬停。固定翼无人机无法像多旋翼无人机那样在空中悬停，因此，对于需要在特定位置停留的任务，效率可能较低。

4）不适合低速飞行。固定翼无人机在低速飞行时稳定性较差，因此，可能不太适合执行需要缓慢巡航或静止观察的任务。

5）操作要求较高。由于固定翼无人机的飞行特性和操控难度大，操作人员需要较高的训练水平和技能，以确保飞行安全和任务完成效果。

（3）复合翼无人机。复合翼无人机是一种结合了固定翼和多旋翼特性的无人机设计，它同时具备了固定翼无人机和多旋翼无人机的优点，并在一定程度上弥补了它们的缺点。复合翼无人机一般具有以下特点：

1）结合了垂直起降和水平飞行。复合翼无人机可以像多旋翼无人机一样垂直起降，同时也能像固定翼无人机一样实现高速水平飞行，这使它在起降和飞行模式之间具有更大的灵活性。

2）长航程和长飞行时间。复合翼无人机通常具有较长的航程和飞行时间，可用于覆盖大范围的区域或长时间的任务执行。

3）高速飞行和稳定性。复合翼无人机能够实现较高的飞行速度，同时又能保持稳定性，适用于需要快速响应的任务，如紧急医疗运输或监视任务。

4）较大承载能力。由于其设计结构的特殊性，复合翼无人机通常能够承载较大质量的荷载，如传感器、摄像机、通信设备等。

5）适应不同环境。复合翼无人机可以在各种环境下工作，包括狭小的地区、恶劣的天气和复杂的地形。

但是相比于前两者，这种无人机设计及制造难度大、技术门槛高，同时，研发及维护所需要的成本也更高，需要按需求进行选择。

了解了按飞行方式区分无人机的方法，接下来将学习无人机在不同行业中的应用，通过使用方法来对无人机进行分类。

2. 按使用方法分类

（1）航拍摄影无人机。航拍摄影无人机是一种专门设计用于航拍摄影和摄像的无人机，如图3-2所示，它具有以下特点：

1）高清画质。航拍摄影无人机通常配备高分辨率的摄像头或专业相机，能够拍摄出清晰、高质量的照片和视频。

2）稳定飞行。这类无人机通常具有先进的飞行控制系统和稳定的飞行平台，可以在风力较大的情况下保持稳定飞行，保证拍摄画面的稳定性和平滑性。

3）灵活机动。航拍摄影无人机通常具有灵活的机动性能，可以在不同高度、角度和方向进行飞行，以获得更丰富的拍摄视角和画面效果。

4）远距离控制。这类无人机通常配备遥控器或智能手机等控制设备，能够实现远距离的控制和操控，让操作者可以更灵活地控制无人机的飞行路径和拍摄角度。

5）智能功能。航拍摄影无人机通常具有各种智能功能，如GPS导航、自动起降、自动避障等，能够提高飞行安全性和操作便捷性。

6）便携性。这类无人机通常体积小巧、质量轻，易于携带和搭载，能够快速部署到需要拍摄的现场进行航拍任务。

图3-2　航拍摄影无人机

图 3-2 航拍摄影无人机（续）

航拍摄影无人机的应用场景非常广泛，包括但不限于电影制作和广告拍摄，用于拍摄电影、电视剧、广告等影视作品，能够提供高质量的航拍画面和特效；旅游景点拍摄，用于拍摄旅游景点、自然风光、城市建筑等，能够展示出景点的美丽和壮观；房地产展示，用于拍摄房地产项目的航拍视频和照片，能够展示出项目的整体布局和周围环境；婚礼摄影，用于拍摄婚礼现场的航拍视频和照片，能够记录下新人的美好瞬间和场景。

总的来说，航拍摄影无人机具有高清画质、稳定飞行、灵活机动、远距离控制、智能功能和便携性等特点，适用于各种航拍摄影和摄像任务，为航拍行业的发展提供了强大的支持和推动。

（2）农业植保无人机。农业植保无人机是一种专门为农田作物的监测、管理和保护而设计的无人机系统，如图 3-3 所示。这些无人机通常配备了多光谱或红外相机，能够捕捉植被的生长状况、病虫害情况及土壤湿度等关键信息。利用这些数据，农业从业者可以制定精准的农业管理方案，提高农作物的生长质量和产量。

农业植保无人机的主要功能如下：

1）监测和识别。搭载的多光谱或红外相机可以监测作物的生长情况，快速识别出病虫害、营养不良等问题，帮助农民及时采取措施加以应对。

2）精准施药。配备了喷洒系统的农业植保无人机可以根据监测数据，精确计算农药和化肥的喷洒量，实现针对性喷洒，减少农药浪费，提高施肥效率。

3）作业效率高。农业植保无人机作业速度快，能够在短时间内覆盖大片农田，提高作业效率，减少农民的劳动强度。

4）降低成本。与传统的人工喷洒相比，农业植保无人机可以节省人力成本和时间成本，同时减少了农药的使用量，降低了生产成本。

5）环保友好。通过精准施药和喷洒，减少了农药和化肥的过量使用，减少了农药对环境和生态系统的影响，保护了生态环境。

总的来说，农业植保无人机通过先进的传感器和智能控制系统，为农业生产提供了一种高效、精准、环保的管理方式，对提高农作物品质、增加产量，以及推动农业可持续发展具有重要意义。

图 3-3　农业植保无人机

（3）应急救援无人机。应急救援无人机是一种专门设计用于应对紧急情况和救援任务的无人机系统，如图 3-4 所示。它们通常具有快速响应、灵活机动和多功能性的特点，能够在灾害、事故或其他紧急情况下提供有效的支援和救援。以下是应急救援无人机的一些关键特点和功能：

1）搜索定位功能。应急救援无人机配备了先进的传感器技术，如红外线摄像头、热成像摄像头、高清摄像头等，可以快速搜索并定位受困者或事故现场。

2）远程监视与通信。应急救援无人机配备了实时视频传输系统和通信设备，救援人员能够远程监视受灾区域，并与现场人员进行实时通信。

3）空中搜救和送物功能。应急救援无人机可以携带医疗急救设备、食物、水和其他急需物资，通过空中投放或降落的方式向受灾地区提供紧急支援。

4）地形地图和环境监测。部分应急救援无人机配备了地形建模和环境监测功能，能够为救援人员提供详细的地形地图和环境信息,帮助他们更好地规划救援行动。

5)自主飞行和自动化操作。一些应急救援无人机具有自主飞行和自动化操作功能,能够根据预设的任务路径和指令执行任务,减轻操作人员的负担并提高工作效率。

6)耐用性和适应性。应急救援无人机通常坚固耐用,能够在恶劣天气和复杂环境中正常工作,如雨雪、风暴和地形复杂的地区。

应急救援无人机在紧急情况和灾害救援中发挥着重要作用,为救援人员提供了强大的工具和支持,有助于提高救援效率和成功率,减少人员伤亡和财产损失。

图 3-4 应急救援无人机

(4)科学研究无人机。科学研究无人机是专门设计用于科学研究和数据收集的无人机系统,如图 3-5 所示。科学研究无人机通常配备了各种传感器、设备和数据采集系统,可在地面、大气、海洋和其他环境中进行科学观测、监测及实验。以下是科学研究无人机的一些主要特点和应用:

1)多样化的传感器。科学研究无人机通常配备了多种传感器,如气象传感器、空气质量传感器、地形扫描仪、热成像摄像头、光谱仪等,用于收集各种环境参数和数据。

2)大范围的应用。科学研究无人机可用于各种科学研究领域,包括气象学、地球科学、生态学、环境科学、农业、考古学等,以及大气、地表、水域和生物多样性的研究。

3)灵活的操作性和机动性。科学研究无人机通常具有灵活的操作性和机动性,可以在复杂的地形和环境中执行任务,并且可以根据研究需求进行自主飞行或预设飞行路径。

4)高空、长时间飞行能力。一些科学研究无人机具有高空飞行和长时间持续飞行的能力,可以在大气层中进行长期观测和监测,并且可以携带大容量的电池或燃料。

5)数据采集和实时传输。科学研究无人机能够收集大量的数据,并且可以通过无线数据传输技术实时传输数据到地面控制站或云端服务器,为科学研究人员提供实时的数据支持。

6)低成本和高效率。相比传统的研究方法,科学研究无人机通常具有更低的成本和更高的效率,可以实现大范围、高分辨率和多角度的数据采集,加速科学研究的进展。

综上所述,科学研究无人机是一种强大的科学工具,能够为科学研究人员提供高效、灵活和多样化的数据采集与研究支持，促进科学知识的积累和发展。

图3-5　翼龙-10科学研究无人机

（5）物流配送无人机。物流配送无人机是一种专门设计用于物流和货物配送任务的无人机系统，如图3-6所示。物流配送无人机通常具备了载重能力强、飞行稳定、智能化操作等特点，可用于快递、货物运输、医疗物资配送等领域。以下是物流配送无人机的一些主要特点和应用：

1）配送高效快速。物流配送无人机可以在空中快速穿越城市和地区，避开交通拥堵和地面障碍物，实现快速、高效的货物配送，特别适合紧急或远程地区。

2）节约成本。相比传统的货车或快递员配送，物流配送无人机能够节约人力和运输成本，提高配送效率，特别适合小额、急件或高价值货物的配送。

3）远程配送和难以到达的地区。物流配送无人机可以飞越山川河流、跨越人口稀少或地形复杂的地区，将货物送达目的地，特别适合偏远地区、山区、岛屿等难以到达的地方。

4）灵活性和适应性。物流配送无人机可以根据实际需求和环境条件进行灵活调度及配送，可以实现自动化操作和智能路径规划，适应不同的配送场景和需求。

5）安全性和可靠性。物流配送无人机具有先进的飞行控制系统和安全保护机制，可以确保货物的安全送达，并且能够在恶劣天气下稳定飞行。

6）监控和追踪。物流配送无人机配备了实时定位系统和追踪设备，可以随时监控货物的位置和状态，并提供实时信息反馈给物流公司和接收方。

总的来说，物流配送无人机作为一种新型的配送工具，具有很大的潜力和发展空间，在未来有望成为物流配送领域的重要一环，为商业和社会提供更快捷、高效、安全的货物配送服务。

图 3-6　京东物流配送无人机

（6）地质勘探无人机。地质勘探无人机是专门设计用于地质勘探和矿产资源调查的无人机系统，如图 3-7 所示。地质勘探无人机通常配备了各种地质勘探传感器、摄像头和数据采集设备，可用于在地表和地下进行地质调查、勘探及资源评估。以下是地质勘探无人机的一些主要特点和应用：

1）多样化的传感器。地质勘探无人机通常配备了多种传感器，如多光谱、高光谱、热成像、地磁、地电等，用于探测地表和地下的地质特征及矿产资源。

2）高分辨率的影像数据。地质勘探无人机配备了高分辨率的摄像头和图像传输系统，可以获取地表和地下的高清影像数据，为地质勘探和资源调查提供详细的地貌与地形信息。

3）灵活的操作性和机动性。地质勘探无人机具有灵活的操作性和机动性，可以在复杂的地形和环境条件下执行任务，并且可以根据勘探需求进行自主飞行或预设飞行路径。

4）快速高效的勘探作业。地质勘探无人机可以快速穿越广阔的地区，对大面积地区进行快速、高效的勘探和调查，节省时间和人力成本，提高勘探作业的效率。

5）地下资源探测。部分地质勘探无人机配备了地下探测设备，可以通过地电、地磁等方法探测地下矿藏和地质构造，为资源勘探和评估提供数据支持。

6）数据采集和处理。地质勘探无人机能够收集大量的地质数据，并且可以通过无线数据传输技术实时传输数据到地面控制站或云端服务器，为地质勘探人员提供实时的数据支持和分析结果。

综上所述，地质勘探无人机是一种强大的地质勘探工具，能够为地质勘探人员提供高效、灵活和多样化的数据采集及勘探支持，促进矿产资源的发现、开发和利用。

（四）我国无人机发展态势

我国无人机产业在过去几年里取得了显著的发展，表现出强劲的增长态势。

图 3-7　地质勘探无人机

（1）技术创新和研发投入。我国的无人机企业不断加大对核心技术的研发投入，如飞行控制系统、传感器技术、数据处理算法等。另外，人工智能、机器学习和自主飞行技术等领域的研究也在不断深入，为无人机的智能化发展提供了技术支持。

（2）行业应用的广泛覆盖。我国的无人机已经在多个行业中得到广泛应用，包括但不限于航拍摄影、农业植保、环境监测、建筑测绘、物流配送、城市管理、安防监控等。这些行业应用的不断扩展，为无人机产业带来了新的增长点。

（3）产业链协同发展。我国的无人机产业链日益完善，包括无人机设计制造、传感器制造、电子设备制造、软件开发、系统集成、航空器运营等各个环节。各环节的企业相互配合、共同发展，形成了一个密不可分的产业链生态系统。

（4）国际竞争与品牌建设。我国的无人机企业积极参与国际竞争，不断提升产品质量和品牌知名度。我国一些无人机品牌在国际市场上取得了一定的成绩，成为国内航空科技领域的标志性企业。

（5）政策支持和监管规范。我国政府出台了一系列支持无人机产业发展的政策，鼓励技术创新、加大财政资金支持、推动行业标准制定和国际合作等；同时，也加强了对无人机市场的监管和规范，维护了市场秩序和公平竞争。

（6）教育培训和人才储备。中国政府和企业积极推动无人机领域的人才培养和技术人才储备。相关高校开设了无人机工程、航空航天等专业，培养了大批专业人才，为无人机产业的持续发展提供了人力支持。

综上所述，我国的无人机产业不仅在技术水平和市场规模上取得了显著成就，而且在政策支持、国际竞争、产业链协同发展等方面呈现出良好的发展态势。随着我国无人机产业的不断壮大，其在全球无人机市场中的地位和影响力也将逐步提升。

二、无人机发展未来面临的挑战

无人机行业虽然发展迅速，但也面临着一些挑战，其中包括以下几点：

（1）法律法规限制。无人机行业的发展受到各国政府对空中飞行器的管理法规的限制。飞行限制区域的增加、飞行许可证的申请、飞行安全标准的制定等，都给无人机的商业应用带来了一定的阻碍。

（2）隐私与安全问题。无人机的普及和技术的进步，带来了隐私和安全方面的隐患。例如，无人机可能会侵犯个人隐私，进行非法监视；还可能被用于进行恶意攻击、侵入网络、制造恐慌等不法行为。

（3）空中交通管理。随着无人机数量的增加，空中交通管理变得更加复杂。需要建立有效的无人机交通管制系统，避免与有人飞机、其他无人机或地面设施发生冲突。

（4）技术标准与互操作性。无人机行业存在多个不同的制造商和技术标准，这导致了不同无人机之间的互操作性问题，增加了系统集成和协同作业的难度。

（5）电池续航能力。目前，无人机的电池续航能力仍然是一个挑战。虽然电池技术在不断进步，但大多数无人机仍然受到电池续航时间的限制，这限制了无人机的作业时间和范围。

（6）空中电缆和障碍物。在城市环境中，无人机需要应对各种空中电缆、建筑物和其他障碍物。这些障碍物可能会干扰无人机的飞行路径，增加飞行风险。

（7）公众认知与接受度。一些人对无人机持有负面看法，担心隐私侵犯、安全问题等。因此，无人机行业需要通过教育、宣传等方式提高公众对无人机的认知和接受度。

综上所述，尽管无人机行业发展迅速，但仍面临着诸多挑战。政府、企业和研究机构需要共同努力，解决这些挑战，推动无人机行业的健康发展。

三、大疆 F450 无人机简介

大疆 F450 是一款经典的多旋翼无人机，属于大疆的 Phantom 系列产品之一。

（1）设计与外观。F450 无人机采用四旋翼设计，机身采用轻量化的玻璃纤维和聚碳酸酯材质制造，具有良好的结构强度和飞行稳定性，外观简洁，造型大方。

（2）飞行性能。F450 无人机配备了高性能的电机和电子调速器，可以实现稳定的飞行和精准的悬停。其飞行控制系统采用大疆自家的 Flight Controller，支持多种飞行模式，包括姿态稳定模式、高度保持模式、GPS 导航模式等。

（3）荷载能力。F450 无人机具有较强的荷载能力，可以搭载不同类型的相机、传感器等设备，用于航拍摄影、植保喷洒、科学研究等。

（4）智能功能。F450 无人机支持一些智能功能，如自动返航、飞行限高、电量低时自动返航等，提高了飞行安全性和用户体验。

（5）易操作性。F450 无人机设计简单，易于操作，适合初学者和业余爱好者使用。用户可以通过遥控器进行手动操控，也可以通过手机 App 进行智能化控制和任务规划。

F450 无人机是一款功能强大、性能稳定、可操作性强的四旋翼无人机，可广泛应用于航拍、监控、搜索等任务领域。以下是 F450 无人机的详细介绍：

（1）结构。F450 无人机采用四旋翼结构，具有四个独立的电机和桨叶，可以实现垂直起降和水平飞行。

（2）动力系统。F450 无人机采用无刷电机作为动力系统，具有较高的效率和稳定性。同时，它还配备了电子调速器，可以实现对电机转速的精确控制。

（3）控制系统。F450 无人机采用开源的控制系统，可以通过接收控制信号来控制无人机的飞行姿态和速度。同时，其所用的飞行控制器中还配备了 GPS 模块和气压计等传感器，可以实现精确的定位和高度控制。

（4）续航能力。F450 无人机的续航时间较长，可以满足长时间的任务需求。同时，它还支持快速充电功能，可以在短时间内充满电。

（5）稳定性。F450 无人机具有较高的稳定性和可操作性，可以适应不同的飞行环境和任务需求。同时，它还配备了多种安全措施，如避障系统、失控保护等，可以确保无人机的飞行安全。

四、无人机飞行

（一）认识遥控器

无人机的遥控器是用于操控无人机飞行的手持设备，具有一系列特点和分类。

1. 遥控器的特点

（1）手持设计。遥控器通常为手持设计，便于操作者操控无人机的各项功能。

（2）无线连接。遥控器与无人机之间通过无线连接（如射频信号或蓝牙）进行通信，传输指令和数据。

（3）按钮和摇杆。遥控器上通常配有按钮和摇杆，用于控制无人机的飞行方向、高度、速度等。

（4）显示屏。一些遥控器配备了内置显示屏，可以显示飞行数据、摄像头画面、电池状态等信息。

（5）舒适性和易操作性。遥控器设计舒适、操作简单易懂，适合长时间操控。

2. 遥控器的分类

（1）传统遥控器。传统遥控器采用摇杆、按钮等物理控件，操作简单直观，适合初学者和一般用户使用。

（2）智能遥控器。智能遥控器通常配备了内置显示屏、智能功能按钮等，支持更多高级功能和智能飞行模式，适合专业用户和高级用户使用。

3. 美国手和日本手

美国手和日本手是两种不同的遥控器操控方式。

（1）美国手。在美国手操作模式中，左手控制油门和航向，右手仅控制航向，如图 3-8 所示。这是大多数遥控器的默认操作模式。

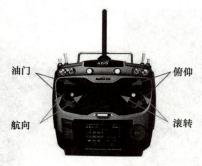

图 3-8 美国手遥控器

(2) 日本手。在日本手操作模式中，左手仅控制航向，右手控制油门和航向。这是一些遥控器的备选操作模式。

4. 使用方法

(1) 选择操作模式。根据个人习惯和喜好选择操作模式，通常为美国手。

(2) 绑定无人机。将遥控器与无人机进行配对和绑定，确保它们可以进行通信。

(3) 熟悉控制。熟悉遥控器上的各种按钮和摇杆，了解它们的功能和作用。

(4) 安全飞行。在飞行前确保无人机和遥控器电量充足，选择适当的飞行环境，遵守当地飞行规定和法律法规。

(5) 练习和飞行。进行练习飞行，逐步熟悉无人机的操作和飞行技巧，确保安全稳定地操控无人机。

(二) 了解无人机的结构

无人机的结构主要由机身、电子调速器、飞行控制器、图传、摄像头和接收机、电机等组成，每个部件都发挥着重要的作用。

(1) 机身。无人机的机身是支撑和固定各种部件的主体框架，通常由轻质材料制成，如碳纤维、铝合金等。机身的设计对于无人机的飞行性能和稳定性有着重要影响。

(2) 电子调速器。如图 3-9 所示，电子调速器是控制电机转速的关键部件，它接收飞行控制器发出的指令，调节电机的转速，从而控制无人机的姿态、速度和高度。电子调速器通常与电机一起安装在无人机的机架上，通过电缆连接。

(3) 飞行控制器。如图 3-10 所示，飞行控制器是无人机的"大脑"，负责处理和控制无人机的飞行。它通过内置的传感器（如加速度计、陀螺仪、罗盘等）获取飞行数据，根据预设的飞行模式和用户输入，计算控制指令并发送给电子调速器和电机，实现飞行姿态的控制和飞行路径的规划。

(4) 图传。如图 3-11 所示，图传系统（视频传输系统）是将无人机上搭载的摄像头或其他传感器采集的图像、视频等数据传输到地面站的设备。它通常由发射器和接收器组成，通过无线信号传输图像数据，用户可以实时监控无人机拍摄的画面。

图 3-9　电子调速器

图 3-10　飞行控制器

图 3-11　图传

（5）摄像头。无人机上的摄像头用于拍摄航拍照片和视频，以及进行地面监测、环境检测等任务。摄像头通常具有高分辨率、广角视野、防抖等特点，以获取清晰稳定的图像和视频。

（6）接收机。如图 3-12 所示，接收机是无人机与遥控器之间的通信设备，负责接收遥控器发送的控制指令，并将其传递给飞行控制系统。接收机通常安装在无人机内部，通过天线接收来自遥控器的无线信号，以实现远程控制。

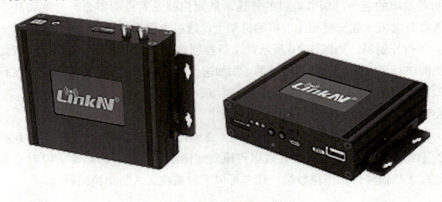
图 3-12　接收机

（7）电机。如图3-13所示，电机是无人机的动力来源，它们产生的推力驱动无人机飞行。通常使用直流无刷电机，具有高效率、低噪声和长寿命等特点，适合飞行器应用。电机通常安装在机身的四个角落，配合螺旋桨产生升力和推力。

（8）螺旋桨。如图3-14所示，螺旋桨是将电机提供的动力转化为推进力的部件。多旋翼无人机通常采用两种类型的螺旋桨：正旋和反旋。正旋螺旋桨通常用于旋翼的大多数位置，而反旋螺旋桨则用于配对的位置以平衡扭矩。

图3-13 电机

图3-14 螺旋桨

（三）无人机飞行安全

随着民用无人机的普及，更多关于无人机安全和侵犯隐私的问题被指出，国家出台了一系列关于无人机飞行需要注意的法律条款加以制约，那么我们在飞行无人机时需要注意哪些安全问题和法律问题呢？

1. 安全问题

（1）飞行环境选择。选择开阔、无障碍的飞行场地，远离人群、建筑物和其他飞行障碍物，确保飞行安全。

（2）飞行高度和距离。遵守当地的飞行规定，确保无人机飞行高度和距离符合法律法规要求，避免与有人飞行器或其他无人机相撞。

（3）天气条件。避免在恶劣的天气条件下飞行，如风力大、降水天气、低能见度等，以免影响飞行安全。

（4）电池状态。检查无人机和遥控器的电池状态，确保电量充足，以避免因电量不足而造成飞行事故。

（5）避障功能。如果无人机配备了避障功能，应及时启用该功能，以避免与障碍物碰撞。

（6）远离机场和机动车。避免在机场附近、机动车行驶区域或交通要道上飞行，以免造成空中交通事故或道路交通事故。

2. 飞行守则

（1）起飞过程发现异常，应立即停止起飞。已经起飞后发现异常，应立即进行回落甚至迫降。

（2）飞行过程应专注，切勿进行与旁人交谈、喝水等非飞行操作。

（3）要挂遥控挂带，保持好操作动作，切勿随意手离控杆。

（4）若飞机出现迫降甚至失控，一定要选对参照系，方便寻找。

（5）迫降或失控，尽量选择在空旷的有草地或不高于两米的灌木丛、庄稼地等地方，尽量减少损失。

3. 法律问题

（1）遵守飞行规定。遵守当地的无人机飞行规定和法律法规，包括飞行高度、飞行距离、飞行场所、飞行时间等方面的规定。

（2）注册登记无人机。根据当地法律法规的要求，对无人机进行注册登记，获取飞行许可证或飞行执照。

（3）申请飞行许可证。对于一些特定飞行场所或特殊飞行任务，可能需要向相关部门申请飞行许可证或临时飞行许可。

（4）保护隐私。在飞行过程中，避免侵犯他人隐私，不得擅自拍摄他人私人信息或私人财产，以及侵犯他人合法权益。

（5）飞行记录和报告。根据法律法规的要求，及时记录飞行数据和事故情况，必要时向相关部门报告飞行活动和事故情况。

（6）购买保险。购买无人机责任保险，以覆盖可能发生的飞行事故造成的损失和责任。

（四）多旋翼平台分系统组成与气动布局

1. 多旋翼平台分系统组成

多旋翼平台分系统组成见表3-1。

表3-1 多旋翼平台分系统组成

序号	名称	组成部分
1	机体结构子系统	机架、机臂、云台、脚架
2	飞控子系统	陀螺仪、加速度计、GPS、IMU传感器等
3	动力子系统	电机、电子调速器、螺旋桨、电池
4	任务子系统	吊舱、云梯、相机等荷载
5	机载链路子系统	遥控接收机、机载数传模块及天线、机载图传模块及天线
6	地面链路子系统	遥控发射机、地面数传模块及天线、地面图传模块及天线
7	遥测子系统	地面站、图传显示器
8	遥控子系统	遥控器遥杆、开关、鼠标、键盘等

（1）机体结构子系统。机体结构子系统如图3-15所示，作用是承载其他机载系统。

1）机架。机架可装载各类设备、动力电池或燃料，同时，它是其他结构部件的安装基础。

2）机臂。机臂是机架结构的延伸，用以扩充轴距、安装动力电机，有些多旋翼的脚架也安装在机臂上。

3）云台。云台是任务设备的承载结构。

4）脚架。脚架是用来支撑停放、起飞和着陆的部件。

图 3-15　机体结构子系统

（2）飞控子系统。飞控子系统包括传感器、计算单元，如图 3-16 所示。

1）传感器。传感器包括三轴陀螺仪、三轴加速度计、三轴磁力计、气压高度计、GPS 等。

2）计算单元。计算机用于计算并整合传感器获取到的数据。

图 3-16　飞控子系统

(3) 动力子系统。动力子系统包括电机、电子调速器、螺旋桨、电池,主要为飞行器提供动力,如图 3-17 所示。

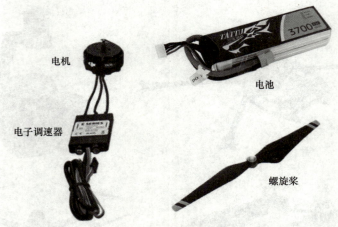

图 3-17　动力子系统

(4) 任务子系统。任务子系统包括吊舱、云梯、相机等荷载。搭载任务荷载,完成作业,如图 3-18 所示。

图 3-18　任务子系统

(a) 摄影录像;(b) 植保喷洒系统;(c) 机载空中照明;(d) 空中喊话器;
(e) 机载灭火弹发射器;(f) 抛投装置

(5) 机载链路子系统。通过无线电将信息传输到地面接收,如图 3-19 所示。

2. 多旋翼飞行器气动布局

飞机外部总体形态布局与位置安排称为气动布局,气动布局主要决定飞机的机动性。气动布局主要有常规布局(如美国 F/A-18 "大黄蜂")、鸭式布局(如我国歼-20 "威龙")、变后掠翼布局(如美国 F-14 "雄猫")、三翼面布局和飞翼布局等,如图 3-20 所示。这些布局在设计之初都有其作用,例如,鸭式布局可以使飞机获得更大升力,机动性更好；常规布局使雷达扫到的横截面面积小，隐身性能好。那么无人机都有哪些气动布局，各自又有哪些优点呢？

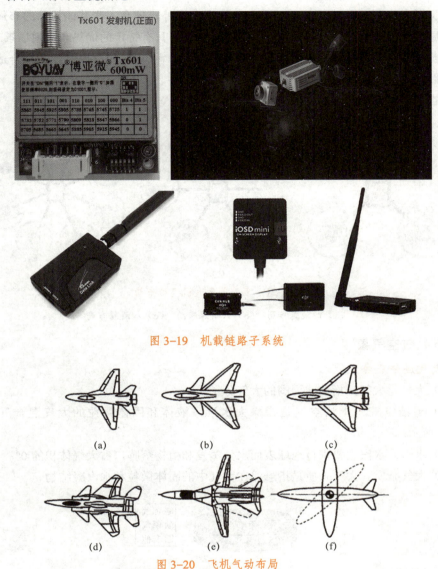

图 3-19　机载链路子系统

图 3-20　飞机气动布局

（a）常规（平尾式）；（b）鸭式；（c）无尾式；（d）三翼面；（e）变后掠翼；（f）变斜翼

（1）四旋翼。四个旋翼均匀分布在飞行器的四个角落上，呈正方形或长方形布局。每个旋翼产生的推力和扭矩相互平衡，使飞行器保持平衡和稳定。四旋翼具有结构简单、飞行稳定、操作简单等优点，适用于航拍、初学者训练等场景。

（2）六旋翼。六个旋翼分布在飞行器的两个水平平面上，一般呈六边形布局。六旋翼相比四旋翼具有更强的升力和稳定性，能够承载更大的荷载和飞行高度。六旋翼适用于一些需要长时间悬停、航拍摄影、搜索救援等应用场景。

（3）八旋翼。八个旋翼分布在飞行器的四个水平平面上，一般呈正方形或长方形布局。八旋翼具有更强的升力和稳定性，能够承载更大的荷载和飞行高度，适用于一些专业航拍、科研探测等场景。

（4）其他布局。除常见的四、六、八旋翼布局外，还有一些其他特殊的布局，如三角形布局、十字形布局等，它们根据特定需求设计，具有特定的优势和适用场景。

多旋翼飞行器的气动布局直接影响其飞行性能、稳定性和操控性。选择合适的气动布局可以根据不同的任务需求，达到最佳的飞行效果。

多旋翼无人机气动布局如图 3-21 所示。

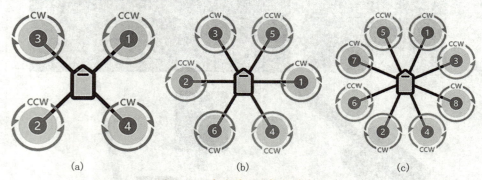

图 3-21 多旋翼无人机气动布局

（a）四旋翼布局；（b）六旋翼布局；（c）八旋翼布局

（五）航空气象

1. 大气成分及要素

（1）大气。大气是指地球周围的大气分子层。

（2）干洁空气。干洁空气是指除去水汽、液体和固体微粒的大气混合气体，如图 3-22 所示。

（3）水汽。水汽主要来自地球表面水分蒸发和植物蒸腾，占大气体积的 0%～4%。

（4）大气杂质。大气杂质是指悬浮在大气中的固体微粒和水汽凝结物。

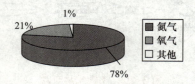

图 3-22 干洁空气成分组成

2. 大气垂直分层

依据温度、密度及大气运动状况在垂直方向上的变化，大气可分为对流层、平流层、中间层、热层（电离层）和散逸层五层。其中，对流层，空气对流运动强烈，气温随高度降低，天气多变；平流层，温度随高度增加，垂直气流减弱，水汽和尘埃含量少。

3. 大气基本要素

（1）气温。气温是表示空气冷热程度的物理量，影响飞行。

（2）气压。大气压强，影响飞行性能，如起飞和着陆距离。

（3）空气湿度。空气湿度是度量空气中水汽含量的物理量。

4. 大气对流运动及气团

（1）大气对流运动。大气对流运动由地球表面受热不均引起，导致空气上升或下沉。

（2）对流冲击力。对流冲击力是指静止空气产生垂直运动的作用力，分为热力对流冲击力和动力对流冲击力。

（3）气团。气团是指大范围空气团，气象要素在水平上均匀分布。

（4）气团的变性。气团的变性是指气团离开源地移动时，性质会发生变化。

5. 影响飞行的气象

（1）雷暴。雷暴由积雨云引起，伴有电闪雷鸣，影响飞机性能和安全。

（2）积冰。积冰是飞机机体聚集冰层的现象。

（3）低空风切变。低空风切变是指高度 600 米以下的风速、风向变化。

工作任务实施

一、多旋翼无人机组装

多旋翼无人机组装步骤如图 3-23 所示。

（1）准备工具和材料。确保有所有必要的组件，如旋翼、电机、电子调速器、飞行控制器、电池、遥控器等，以及可能需要的工具，如螺钉旋具、扳手等。

（2）组装框架。将四个电机按照指定的方向安装到 F450 的框架上，F450 如图 3-24 所示。通常，电机的转向有特定的方向要求，以确保旋翼的旋转方向正确。

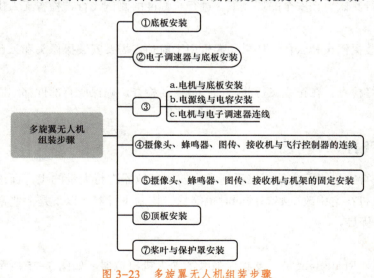

图 3-23 多旋翼无人机组装步骤

（3）安装电子调速器。将电子调速器（电调）固定到框架上，并连接到相应的电机上。

（4）安装飞行控制器。将飞行控制器（如大疆的 Naza 系列）安装到框架的中心位置，并确保其稳定且连接正确。

图 3-24　F450 无人机

（5）连接接收器和 GPS。将遥控器的接收器和 GPS 模块连接到飞行控制器上。

（6）安装螺旋桨。将螺旋桨安装到电机上。注意螺旋桨的正反桨配置，以确保正确的旋转方向。

（7）布线。合理布置和固定所有的电线，避免电线干扰旋翼的旋转或相互干扰。

（8）安装电池。将电池安装到无人机上，并确保电池的连接线正确无误地连接到电子调速器和飞行控制器上。

（9）调试和校准。使用遥控器和相关的软件对无人机进行调试，包括校准陀螺仪、指南针、GPS 等。

（10）进行测试。在安全的环境下，进行小幅度的测试飞行，检查无人机的稳定性和操控性。

（11）安装摄像头和云台。如果无人机用于航拍，需要安装摄像头和云台，并进行相应的调试。

（12）最终检查。在正式飞行前，进行最后的检查，确保所有部件都牢固，没有松动的螺钉或电线。

二、模拟器飞行

在真正进行实机飞行之前，飞手通常会使用模拟器进行大量的飞行训练，以确保在实际操作时飞机在空中改变姿态的同时也能稳定控制飞行器。以下是一些常见模拟器及各自的特点和优势。

1.RealFlight

（1）特点。RealFlight 是一款功能强大的无人机模拟器，如图 3-25 所示。它提供了真实的飞行体验和多种飞行场景，支持多种无人机型号和飞行控制器。

（2）优势。逼真的物理引擎、精细的场景和图形、丰富的飞行模式和挑战。

（3）操作方法。下载并安装 RealFlight 软件，连接遥控器或使用键盘控制器，选择无人机模型和飞行场景，进行模拟飞行。

图 3-25　RealFlight 模拟器

2.PhoenixRC

（1）特点。PhoenixRC 是一款老牌的无人机模拟器，拥有多样的无人机模型和飞行场景，支持多种遥控器。

（2）优势。具有丰富的模型库、多种飞行模式，可自定义场景和风景，易于上手。

（3）操作方法。安装 PhoenixRC 软件，连接遥控器或使用键盘控制器，选择无人机模型和飞行场景，进行模拟飞行。

3.DRL Simulator（Drone Racing League Simulator）

（1）特点。DRL Simulator 专注于模拟无人机竞速比赛，提供了真实的竞速场景和赛道，支持在线多人对战，如图 3-26 所示。

（2）优势。逼真的竞速体验、多人在线对战、专业的竞速场景和挑战。

（3）操作方法。下载并安装 DRL Simulator 软件，连接遥控器或使用键盘控制器，选择赛道和无人机模型，进行竞速模拟飞行。

图 3-26　DRL Simulator

4.FPV Freerider

（1）特点。FPV Freerider 是一款专注于 FPV（First Person View）飞行的模拟器，提供了真实的 FPV 飞行体验和多种场景。

（2）优势。专注于 FPV 飞行，适用于 FPV 训练和竞速练习，可自定义场景和飞行设置。

（3）操作方法。下载并安装 FPV Freerider 软件，连接遥控器或使用键盘控制器，选择无人机模型和飞行场景，进行 FPV 模拟飞行。

无人机模拟器的操作方法通常类似：安装模拟器软件，连接遥控器或使用键盘控制器，选择无人机模型和飞行场景，进行模拟飞行练习。根据各个模拟器的不同，可能需要进行一些特定的设置和调整。在模拟飞行中，可以练习各种飞行技巧、场景适应能力及紧急情况处理等，提高飞行技能和应对能力。

三、工作任务实施

前面已经学习了无人机组装及航拍，请按照计划完成课程任务（每完成一项，请在□内打"√"）。

（1）完成无人机基础知识认识。　　　　　　　　　　　　　　　　　□
（2）完成无人机子系统、主体结构认识。　　　　　　　　　　　　　□
（3）完成无人机组装。　　　　　　　　　　　　　　　　　　　　　□
（4）完成无人机航拍。　　　　　　　　　　　　　　　　　　　　　□
（5）请你记录在无人机组装及航拍课程任务完成过程中遇到的问题及解决办法。
遇到的问题：
_____
_____
_____
_____

解决办法：
_____
_____
_____
_____

📝 知识梳理

1. 请完成以下内容的填写。

（1）无人机是指：_____。
（2）判断 F450 飞机机头方向的方法是：_____。
（3）组装无人机的套件有：_____。
（4）正确安装电机与桨叶的方法是：_____。
（5）无人机航拍飞行的注意事项：_____。

2. 请选择正确的选项。

（1）描述一个多轴无人机地面遥控发射机是"美国手"是指（　　）。

　　A. 右手上下动作控制油门或高度

　　B. 左手上下动作控制油门或高度

　　C. 左手左右动作控制油门或高度

（2）地面天气图上填写的气压是（　　）。

　　A. 本站气压　　　　B. 场面气压　　　　C. 海平面气压

（3）能见度不好的天气，一般风力（　　）。

　　A. 较强　　　　　　B. 较弱　　　　　　C. 混乱

（4）气温、气压和空气湿度的变化都会对飞机性能及仪表指示造成一定的影响，这种影响主要通过它们对空气密度的影响而实现，下列描述正确的是（　　）。

　　A. 空气密度与气压成正比，与气温成反比

　　B. 空气密度与气压成反比，与气温成正比

　　C. 空气密度与气压成正比，与气温成正比

（5）以下关于影响飞机滑跑距离的说法，正确的是（　　）。

　　A. 气温低时，空气密度小，飞机增速快，飞机升力减小，起飞滑跑距离要长

　　B. 气温高时，空气密度大，飞机增速快，飞机升力增大，起飞滑跑距离要短

　　C. 气温高时，空气密度小，飞机增速慢，飞机的离地速度增大，起飞滑跑距离要长

（6）空域是航空器运行的环境，也是宝贵的国家资源。国务院、中央军委十分重视我国民用航空交通管制的建设工作，目前正在推进空域改革，预计划分三类空域，分别为（　　）。

　　A. 管制空域、监视空域和报告空域

　　B. 管制空域、非管制空域和报告空域

　　C. 管制空域、非管制空域和特殊空域

（7）在一个划定的管制空域内，由（　　）负责该空域内的航空器的空中交通管制。

　　A. 军航或民航的空中交通管制单位

　　B. 军航和民航的各一个空中交通管制单位

　　C. 军航的空中交通管制单位

（8）关于民用航空器使用禁区的规定是（　　）。

　　A. 绝对不得飞入

　　B. 符合目视气象条件方可飞入

　　C. 按照国家规定经批准后方可飞入

（9）（　　）功能通常包括指挥调度、任务规划、操作控制、显示记录等功能。

　　A. 数据链路分系统

　　B. 无人机地面站系统

　　C. 飞控与导航系统

（10）多轴飞行器控制电机转速的直接设备为（　　）。
　　　A.电源　　　　　　B.电子调速器　　　　C.飞行控制器

（11）属于无人机飞行控制器子系统功能的是（　　）。
　　　A.无人机姿态稳定与控制
　　　B.控制
　　　C.任务信息收集与传递

（12）无人机电气系统中，电源和（　　）两者组合统称为供电系统。
　　　A.用电设备　　　　B.配电系统　　　　C.供电线路

评价与总结

一、评价

指标	评价内容	分值	学生自评	小组互评	教师评价	企业评价	客户评价
工作活动探学（30分）	自测题完成情况	10					
	讨论情况	10					
	视频学习情况	10					
课中任务（40分）	多旋翼无人机组装	20					
	模拟器飞行	10					
	无人机航拍视频拍摄	10					
课后拓展（30分）	企业专家满意度	10					
	客户满意度	20					
合计		100					

二、总结

素质提升	提升	
	欠缺	
知识掌握	掌握	
	欠缺	
能力达成	达成	
	欠缺	
改进措施		

项目四

短视频创作基础

 工作任务导入

	项目四　工作任务书
工作任务意义	通过对抖音短视频网红营销模式研究分析，指出当前以抖音为平台的新媒体营销方面存在的可取之处与不足之处，提出更具针对性与实操性的新媒体营销策略
客户要求	有利于当前企业孵化培育，精准捕捉更多忠实用户，增进企业与消费者之间的良好互动，对日后营销策略的改良创新、销售业绩的稳定增长、售卖渠道的多元化发展大有裨益，对各行业的整体繁荣做出更大贡献
工作职业特点	1. 短视频职业具有高度的自由性，工作者可以自主决定工作内容、时间和地点。 2. 短视频需要工作者具备一定的创意和个人魅力，能够吸引观众的关注。 3. 短视频行业变化快速，工作者需要时刻保持敏锐的洞察力和学习能力
工作任务要求	1. 了解短视频制作相关基础知识。 2. 了解常用的短视频拍摄工具。 3. 掌握画面景别、镜头运动、画面构图、光线位置的运用方法。 4. 掌握创作分镜头脚本的基础知识。 5. 了解短视频后期的编辑工具。 6. 掌握短视频剪辑中的画面转场、选择背景音乐、添加字幕等方法
工作素质目标	1. 正确看待短视频，不盲目崇拜网络"达人"，杜绝"拜金主义""享乐主义"等错误的价值观。 2. 锻炼对短视频制作的全局统筹能力，增强安全操作的良好意识，培养精益求精的工作态度。 3. 通过编辑大量不同种类的短视频素材，培养精益求精、坚持不懈的工作态度
课前准备及注意事项	课前准备： 1. 手机或相机（拍摄素材）。 2. 计算机（剪辑素材）（安装有剪映或 Premiere）。 注意事项： 1. 严禁带食品、饮料进教室，保持教室清洁、卫生。 2. 严禁在实验室内嬉戏、喧哗、打闹，保持实验室安静。 3. 使用电子类设备时须远离水或其他液体，以防短路。 4. 未经任课教师许可，不得擅自卸载或安装计算机软件。 5. 未经任课教师许可，不得更换计算机桌面壁纸。 6. 禁止用实验室计算机设备操作无关学习方面的东西（如玩游戏、看视频等）。 7. 爱护实验室内一切设备设施，严禁擅自移动、拆除、调换任何机器硬件、仪器。使用途中发现问题，应及时报告教师处理

小组协作与分工

课前：请同学们根据异质分组原则分组协作完成工作任务，并在下表中写出小组内每位同学的专业特长与专业成长点。

组名	成员姓名	专业特长	专业成长点

知识导入

随着短视频的火爆，不少企业开始借短视频的势进行营销活动。知名餐饮企业一味一诚在某社交平台发起过一场"夏日畅饮活动"。这次活动规定用户用视频记录下在一味一诚吃烤鱼、喝啤酒及吃冰激凌的故事，发布视频并添加话题"夏日畅饮节"，然后@一味一诚，就可以参加活动。

用户制作的视频将根据点赞数、评论量、相关度等进行排名。前50名用户均可以获得一张含有300瓶啤酒+200个冰激凌的畅饮券。这次活动吸引了约1.4万名用户积极参与，整体互动量超过348万人次，话题视频播放量达到2.5亿人次以上。这不仅激发了用户的创作热情，还提升了用户对品牌的忠诚度。对品牌企业而言，这场活动既拉近了与顾客的距离，也提升了自身的品牌价值。

无论是哪种营销方式，最终的目的都是获取更多的用户，增加收入。从本质上讲，品牌企业在短视频平台上造势都属于内容和传播方式的创新。品牌企业将商品植入短视频中，可以获得更高的曝光量；新颖的视频拍摄方法和音乐深受年轻人的喜爱。这正是当下品牌企业借势营销的制胜法宝。

思考与讨论：
（1）一味一诚是如何借助短视频进行营销的？
（2）常见的短视频类型有哪些？

> 知识准备

一、认识短视频

（一）短视频的定义及特点

短视频是一种视频长度以秒计算，并且主要依托移动智能终端实现快速拍摄和编辑，可在社交媒体平台上实时分享的新型视频形式。不同于文字、音频等单一的内容形式，短视频融合了文字、语音和视频，使用户接收的内容更加生动、立体。

短视频是对社交媒体现有主要内容形式（文字、图片）的一种有益补充。同时，优质的短视频内容也可借助社交媒体的渠道优势实现快速传播。当下，短视频是深受互联网用户喜爱的内容形态。与纯文字文本相比，短视频更加生动形象，包含的信息量更大，用户观看短视频花费的精力更少。下面介绍几个常见的短视频平台：抖音、快手、西瓜视频、好看视频、腾讯微视、哔哩哔哩、小红书。

1. 抖音

抖音是一款可拍摄短视频的音乐创意短视频社交软件，是一个专为年轻人打造的音乐短视频社区。抖音上线之初，其口号是"记录美好生活"。在这个平台上，"抖友"（抖音用户的昵称）通过选择音乐、拍摄短视频来完成自己的作品。抖音还集成了镜头、特效、剪辑等功能，以尽量减少因为需要对短视频进行后期处理而导致的流量转移。

抖音于 2016 年 9 月上线，之后不断改善用户体验，增加新的功能，抓住时下热点，让"抖友"始终保持新鲜感。同时也诞生了一批抖音"达人"，这些"达人"不仅给抖音提供了各类丰富多彩的内容，也因为抖音改变了自己的生活。

抖音首页功能大致包括直播、同城、关注、推荐、拍摄、朋友、消息等部分，如图 4-1 所示。用户点击右侧表示"点赞""评论"或"分享"的图标，即可进行相应的操作。从首页来看，进入抖音后平台会自动开始播放短视频，点击短视频界面则可以暂停播放，向上滑动屏幕可以查看更多的短视频内容。

图 4-1 抖音首页功能

抖音会根据算法给每一个短视频分配一个流量池，之后，抖音根据短视频在这个流量池里的表现，决定是否把它推送给更多用户。抖音采用中心化的分发逻辑，对于推送给所有用户的短视频，都是从小流量池开始推荐，接着选取流量较大的短视频，为其分配更大的流量池，最后再把平台最优质的内容推荐到首页。这种基于内容质量的分发逻辑很容易产生头部效应，因为名人拥有大量的"粉丝"，自身的短视频质量也比较好，所以用户看到的往往是他们创作的短视频。

2. 快手

快手最初是一款处理图片和视频的工具，后来转型为一个短视频社区。快手强调人人平等，是一个面向所有普通用户的平台。

快手的官网页面如图 4-2 所示。快手的定位为"记录世界，记录你"，其开屏页面的文案是"拥抱每一种生活"。快手的产品定位更为普惠化，鼓励每一个用户都用快手记录和展示自己的生活。快手去中心化的分发逻辑使每个用户都有平等的曝光机会，因此，快手在早期迅速获得了四、五线城市和农村用户的青睐。近年来，快手通过一系列的运营和迭代，逐渐进行品牌升级，越来越多的一、二线城市和高学历用户开始使用快手。

图 4-2　快手的官网页面

快手首页功能可以分为探索、同城、商城、关注、发现等模块，如图 4-3 所示。快手采用去中心化的分发逻辑，对短视频的推荐比较分散，争取让普通用户的短视频也有更多被看见的机会。去中心化的分发逻辑的优势在于可以显著提高普通用户的创作积极性，同时也能加强创作者和"粉丝"之间的联系。

图 4-3　快手首页功能

3. 西瓜视频

西瓜视频是北京字节跳动科技有限公司（简称字节跳动）旗下的个性化推荐短视频平台，流量较大。西瓜视频通过人工智能帮助每个用户找到自己喜欢的短视频，源源不断地为不同的用户群体提供优质内容；同时鼓励多样化创作，帮助用户轻松地在平台上分享作品（短视频的长度一般在3分钟左右）。

图4-4所示为西瓜视频PC端首页，左侧是视频分类导航，右侧是展示的视频。西瓜视频已经购买了很多电视剧、电影的版权，从原来的横屏视频平台逐渐过渡到一个综合性的视频平台，意在吸引更多的用户。西瓜视频目前相对于其他短视频平台的优势是几乎没有广告，点击短视频后会直接播放内容。

图4-4 西瓜视频PC端首页

抖音和西瓜视频虽然都是字节跳动旗下的短视频软件，但两者实际上是有一定区别的，抖音争夺的是竖屏市场，西瓜视频争夺的是横屏市场。

横屏视频和竖屏视频的最大不同是内容源不同。横屏视频的内容源通常是数码相机和摄像机，竖屏视频的内容源通常是手机自带相机。后者意味着大量新增的原创、简单的短视频，而前者则面向人类拥有视频形式以来所有集锦，已优质精选的视频内容大都通过横屏展现，各类电影、电视剧、综艺等内容均在此列。

西瓜视频的内容是横屏展示的，如图4-5所示。这种方式更适合较长时间的视频播放，如影视片段、剧集。横屏视频更符合人的观影习惯，有丰富的空间层次感、纵深感，可以表现复杂的人物关系；而竖屏视频中的人物关系往往相对简单，更适合以直播式、沉浸式的生活化镜头展现。

4. 好看视频

好看视频是百度旗下一个为用户提供海量优质短视频内容的专业聚合平台。图4-6

所示为好看视频的 PC 端首页，顶部是视频分类导航，包括全部、影视、搞笑、动漫、军事、游戏、美食、综艺、娱乐。好看视频通过百度智能推荐算法深度了解用户的兴趣、喜好，为用户推荐适宜的短视频内容。

图 4-5　西瓜视频横屏展示

图 4-6　好看视频 PC 端首页

2017 年 11 月，好看视频正式发布，之后发展势头强劲，成为短视频领域的一匹"黑马"。好看视频致力于打造让用户探索世界、提升自我及获得幸福快乐的综合视频平台，努力成为一个"让人成长的短视频平台"。

在内容方面，好看视频走的是一条差异化的路线，以提供知识型、充满正能量的内容为主。好看视频瞄准了短视频细分垂直领域，更加注重对内容的"精耕细作"。

好看视频还制订了一系列针对创作者的升级扶持计划，通过流量加持、现金补贴等多种形式对创作者进行支持，吸引了一大批优质的内容合作方共建优质内容生态。

无论是从内容的广度、深度、品质还是影响力方面来看，好看视频均已初具规模，可以确保用户在平台上一键获取细分垂直领域的优质短视频内容。

图 4-7 所示为好看视频 App 首页，顶部是视频分类导航，中间是短视频内容，底部功能包括刷新、关注、直播、登录等。

图 4-7　好看视频 App 首页

5. 腾讯微视

腾讯微视是腾讯推出的一款有趣的短视频分享社区软件，用户可通过 QQ、微信账号登录，将拍摄的短视频同步分享给微信好友或分享到微信朋友圈、QQ 空间，也可观看其他人分享的有趣短视频。腾讯微视的首页功能有关注、推荐、频道、消息、拍摄等，如图 4-8 所示。

图 4-8　腾讯微视的首页功能

腾讯对腾讯微视的扶持力度非常大,腾讯生态里的所有游戏、动漫、影视、综艺都为腾讯微视提供内容支持。依靠微信和 QQ,腾讯将用户引流到腾讯微视上。作为社交行业巨头,腾讯拥有庞大的年轻用户基数,而短视频的受众以年轻人为主,因此,腾讯微视在分享渠道上具有天然的优势。腾讯微视把微信和 QQ 等作为分享渠道,将优质的内容输送到微信朋友圈、QQ 空间等,在扩大自身影响力的同时,更容易将社交平台中的流量引流到自己的平台上。

6. 哔哩哔哩

早期的哔哩哔哩是一个创作和分享动画、漫画、游戏内容的视频网站,经过多年的发展,其已经慢慢发展成了一个优质内容的生产平台,其中自然也包括短视频内容。用户可以在该平台上发布各种短视频,如图 4-9 所示为哔哩哔哩的短视频界面。

7. 小红书

小红书是一个生活方式分享平台。小红书最初注重分享跨境购物经验,后来慢慢拓展到运动、旅游、家居、宠物、穿搭、美食等领域的信息分享,尤其受到女性用户的喜爱。图 4-10 所示为小红书的短视频界面。

图 4-9　哔哩哔哩的短视频界面

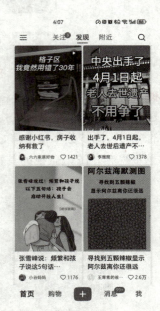

图 4-10　小红书的短视频界面

(二)短视频的优势

不少企业已经意识到短视频是提升品牌知名度的最佳方式之一。因此,越来越多的企业开始使用短视频这种媒介形式开展市场营销活动。短视频的优势如下。

1. 短视频是大脑更喜欢的"语言"

研究数据表明,大脑处理视频的速度比处理纯文字的速度快很多倍。从人的本能来说,比起图片和文字,短视频内容更具视觉冲击力,它将声音、动作、表情融于一体,可以让用户更真切地产生共鸣。因此,在生活节奏越来越快的当今社会,短视频这种碎片化的资讯获取方式和社交方式越来越受到人们的欢迎。

2. 互动性强

短视频发布者可以和用户产生互动，每个用户都可以对短视频点赞、转发、评论。用户在评论区向发布者发出评论，发布者可即时做出回答，当用户看到自己的评论被回复时，评论的积极性自然就提高了。

3. 能有效推广品牌

短视频可以轻松地推广品牌，向用户传递品牌和产品信息。短视频的内容是多样化的，可以是人，也可以是画面、场景、情节等，这使用户对产品广告的接受程度更高，从而愿意对产品广告本身进行二次传播。

（三）短视频的类型

1. 按照生产方式分类

按照生产方式分类，短视频内容可分为用户生产内容、专业用户生产内容和专业机构生产内容三种类型。

（1）用户生产内容。用户生产内容（User Generated Content，UGC）类型的短视频通常拍摄和制作比较简单，制作的专业性和成本较低，内容表达涉及日常生活的各方面且碎片化程度较高。而且，这种短视频一般无盈利目的，商业价值较低，但具有很强的社交属性。短视频平台中大部分内容创作者初期会发布此类短视频，只有在获得一定数量的"粉丝"之后才会发布其他专业性更强的短视频内容。

（2）专业用户生产内容。专业用户生产内容（Professional User Generated Content，PUGC）类型的短视频通常是由在某一领域具有专业知识技能的用户或具有一定"粉丝"基础的网络"达人"或团队所创作的，内容多是自主编排设计，且短视频内容主角多充满个人魅力。这种短视频有较高的商业价值，主要依靠转化"粉丝"流量来实现商业盈利，兼具社交属性和媒体属性。

（3）专业机构生产内容。专业机构生产内容（Partner Generated Content，PGC）类型的短视频通常由专业机构或企业创作并上传，对制作的专业性和技术性要求比较高，且制作成本也较高。这种短视频主要依靠优质内容来吸引用户，具有较高的商业价值和较强的媒体属性。例如，知乎官方抖音账号创作的短视频都属于 PGC 短视频，制作水准较高。

2. 按照内容分类

按照内容分类，短视频可分为以下几种。

（1）剧情类。剧情类短视频是指短视频的内容以短剧、表演或访谈为主，通过具体的故事表演来吸引用户关注。其细分类型包括故事、搞笑等，例如，@天津一家人发布的短视频就以普通的天津一家人的家庭故事为主要内容，故事性强；@疯产姐妹发布的短视频以闺密之间的恶作剧故事和段子为主要内容，常常让用户捧腹大笑。

（2）情感类。情感类短视频通常有三种表现形式：一是以文字和语音来展现情感短文；二是真人出演的情感短剧；三是主要以声音来呈现的情感类短视频，如图 4-11 所示。例如，@放扬的心心发布的短视频主要表现情侣爱情，内容、情节细腻动人。

（3）美食类。美食类短视频是指短视频的内容以美食制作、美食展示和试吃为主，其细分类型包括菜谱分享、美食制作、烹饪技巧，以及小吃、饮品、水果、蔬菜、甜品、西餐和海鲜等，如图4-12所示。例如，@家常美食-白糖发布的短视频就以家常美食制作教学为主要内容，具有较强的实用性。

图4-11　情感类短视频　　　图4-12　美食类短视频

（4）时尚类。时尚类短视频是指短视频的内容以展示时尚内容为主，包括美妆展示和穿衣打扮等，旨在推荐各种美妆和服装商品，并指导用户自己化妆、护肤和穿衣搭配。例如，@肿眼泡的半夏发布的短视频就以化妆教程为主要内容。

（5）"种草"类。"种草"类短视频是指短视频的内容以商品的分享和推荐为主，主要是向用户推荐各种商品，由此激发用户的购买欲望，如图4-13所示。例如，@老爸评测发布的短视频就以商品评测为主要内容。

（6）影视娱乐类。影视娱乐类短视频是指短视频的内容以介绍电影电视为主，主要是通过剪辑展示各种影视剧和综艺节目等。例如，@毒舌电影发布的短视频以推荐电影为主要内容，@抖音综艺发布的短视频以展示和推荐综艺节目为主要内容。

（7）游戏类。游戏类短视频是指短视频的内容以计算机和手机游戏为主，主要内容包括各种类型的游戏视频、游戏直播、游戏解说和游戏达人的日常生活等。例如，@武子弈发布的短视频以介绍各种游戏技能和技巧为主要内容。

（8）宠物类。宠物类短视频是指短视频的内容以宠物和动物为主，具体内容包括各种宠物的日常生活、习性介绍和人宠互动，以及饲养技巧等，如图4-14所示。例如，@金毛蛋黄发布的短视频以人宠互动为主要内容。

图 4-13 "种草"类短视频　　图 4-14 宠物类短视频

（9）才艺类。才艺类短视频是指短视频的内容以音乐或舞蹈等才艺展示为主，具体内容包括音乐表演、音乐制作、舞蹈和舞蹈教学等。例如，@小阿七发布的短视频就以唱歌和歌曲播放为主要内容。

（10）萌娃类。萌娃类短视频是指短视频的内容以展示天真可爱的孩子为主，主要内容包括孩子的日常生活趣事等，如图 4-15 所示。例如，@——丫丫发布的短视频以双胞胎的日常生活为主要内容。

（11）动漫类。动漫类短视频是指短视频的内容以动画和漫画为主，具体内容包括动漫介绍、动漫故事等，如图 4-16 所示。例如，@萌芽熊以动漫方式创作故事。

（12）创意类。创意类短视频是指短视频的内容以创新事物和新奇意识为主，具体内容包括手工制作、贴纸道具、特效和新奇艺术等，如图 4-17 所示。例如，@黑脸V发布的短视频充满了各种创意特效。

图 4-15 萌娃类短视频　　图 4-16 动漫类短视频　　图 4-17 创意类短视频

（13）汽车类。汽车类短视频是指短视频的内容以汽车的相关知识和应用为主，具体内容包括汽车选购、二手车选购、汽车评测、维修改装和外观展示等。例如，@虎哥说车发布的短视频以汽车评测为主要内容，@车哥测评发布的短视频以分享养车用车知识为主要内容。

（14）科技类。科技类短视频是指短视频的内容以科技展示为主，具体内容包括普及科学知识和展示先进科技等。例如，@科技公元发布的短视频以分享先进科学技术和科普为主要内容。

（15）摄影教学类。摄影教学类短视频是指短视频的内容以分享摄影摄像知识为主，具体内容包括摄影摄像教学、美图展示、软件教学等。例如，@摄影志先森上海发布的短视频以分享摄影技巧为主要内容。

（四）短视频的变现盈利模式

短视频能够吸引巨大的用户流量，能否将这些流量变现并实现商业盈利已成为很多短视频内容创作者普遍关注的问题。而当前短视频具有多种变现盈利模式，内容创作者可以选择适合自己的变现盈利模式获得经济收益。短视频的变现盈利模式主要有以下几种。

（1）广告植入。广告植入是指把商品或服务的具有代表性的视听品牌符号融入短视频中，给用户留下深刻的印象，从而达到营销目的，而短视频内容创作者也可以从品牌商家获得一定的经济回报，这也是短视频内容创作者的主要收入来源。广告植入包括在短视频内容中进行品牌露出、剧情植入或口播，以此来满足广告主的诉求，并提供商品链接或服务地址的植入广告；在用户观看短视频的必经路径上展示，实现营销目的的贴片广告；以及将广告视频和短视频平台推荐的视频混合在一起的信息流广告等类型。

（2）电商导流。短视频本身就具备内容信息展示丰富、感官刺激强烈及跳转到其他链接方便等诸多适合与电商融合的优势特征，因此，短视频可以通过电商导流实现盈利。电商导流是指通过短视频引导用户到电商平台或网络店铺中消费，从而实现短视频的变现盈利。电商导流通常有两种方式：一种是通过短视频内容介绍，将用户引流到短视频平台中的网络店铺，以进一步获得商品销售收入，图4-18所示为短视频平台中的网络店铺；另一种是直接将用户引流到其他电商平台，图4-19所示的电商导流短视频中，点击优惠券领取链接即可前往天猫电商平台。

（3）内容付费。内容付费是把短视频当作商品或服务，让用户通过支付费用的方式观看，从而实现短视频的商业价值。内容付费又分为用户对喜爱的短视频内容通过赏金的方式进行资金支持的用户打赏；用户定期向短视频平台支付一定的费用，用于优先获得优质短视频内容观看权限的平台会员制付费；以及对单个短视频进行付费观看的内容商品付费三种主要形式。

（4）渠道分成。渠道分成是短视频内容创作者初期最直接的收入和盈利来源，因为短视频内容创作者初期没有足够数量的用户和"粉丝"，只能通过平台的现金补贴政策获得收入。这里的渠道主要包括推荐渠道、视频渠道和"粉丝"渠道三种。推荐渠道是指向用户推荐短视频的平台,如今日头条、一点资讯等;视频渠道是指各种短视频平台;"粉丝"渠道则以各种社交媒体平台为主。

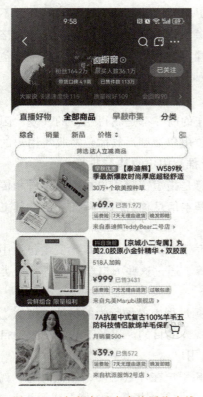 

图 4-18　短视频平台中的网络店铺　　图 4-19　电商导流短视频

（5）签约独播。签约独播是短视频平台十分希望内容创作者选择的一种盈利模式。签约独播是指由短视频平台向内容创作者支付一笔费用,与其签订法律合同,该内容创作者的所有短视频都必须在该短视频平台上独家播放。短视频内容创作者选择签约独播模式的优势在于能够直接获得一大笔收益,并在一段时间内有稳定的内容输出渠道;缺点是不能获得其他短视频平台的支持,且单一的流量渠道可能限制短视频的传播范围,无法获得更多的经济收益。

（6）直播带货。直播带货是目前主流的短视频变现盈利模式之一。短视频和直播是两种不同的内容展现形式,进行直播带货的前提是短视频账号具有一定数量的"粉丝",同时有一个具备用户号召力的主播。在现今的短视频行业中,能够进行直播带货的主播通常是短视频"达人"和具有知名度的艺人或名人,其短视频账号的"粉丝"数量能达到几百万甚至上千万。直播带货其实就是借助主播在短视频平台积累的人气和信誉,通过直播的形式,以主播展示的方式给用户带来真实的商品使用体验,进而促成商品交易,获得经济收益。

二、短视频策划与拍摄筹备

短视频策划的目的就是要吸引用户的注意力,视频内容打动用户,使其贡献出自己的流量成为"粉丝",并能使短视频内容得到更广泛的传播。短视频的策划并不是一件简单的事情,短视频所针对的用户群体不同,短视频内容方向、内容主题和风格也就不同,相应的内容脚本、拍摄前的筹备工作也不同。总的来说,短视频策划主要包括定位用户类型、确定短视频的风格和形式等内容,下面进行具体介绍。

1. 定位用户类型

用户是短视频创作的基础,任何短视频创作的前提都是获得用户的喜爱。因此,短视频创作者在进行短视频策划时,首先需要定位用户类型,具体包括收集用户的基本信息、归纳用户的特征属性、整理用户画像,以及推测用户的基本需求。

(1)收集用户的基本信息。用户的基本信息是指短视频用户在网上观看和传播短视频的各种数据等,因此,也可以把这些用户的基本信息称为用户特征变量,其主要包括以下几个方面。

1)人口学变量。在收集短视频用户的基本信息时,涉及的人口学变量包括用户的年龄、性别、婚姻状况、教育程度、职业和收入等。通过这些人口学变量进行分类,可以了解每类用户对短视频内容的需求差异。

2)用户目标。用户目标是指用户观看短视频过程中各种行为的目的,例如,用户使用某款短视频App的目的,特别关注剧情类短视频的目的,以及下载短视频的目的等。了解不同目的的用户的用户特征,有助于查找目标用户。

3)用户使用场景。用户使用场景是指短视频用户在什么时候、什么情况下观看短视频的相关性信息,通过这些信息可以了解用户在各类使用场景下的偏好或行为差异。

4)用户行为数据。用户行为数据是指用户在观看短视频过程中的各种行为特征,例如,观看短视频的频率、时长,通过短视频购物的客单价等。通过用户行为数据的收集,可以分析和划分用户的活跃等级及用户价值等级等,为短视频的内容定位和脚本创作提供数据支持。

(2)归纳用户的特征属性。在收集了短视频用户的基本信息后,就可以分析这些信息并归纳用户的特征属性,从而实现对短视频用户的定位。归纳用户特征属性的数据可以从专业的数据统计机构发布的报告中获取,如QuestMobile的报告、巨量算数发布的抖音用户画像报告等。

1)用户规模。用户规模是指某个行业、领域中用户的数量,用户规模越大,说明该行业、领域的商业盈利能力和发展潜力越大。

2)日均活跃用户数量。日活跃用户数量(Daily Active User,DAU)通常用于统计一日(统计日)之内,登录或使用了某个平台的用户数(去除重复登录的用户)。在短视频领域,日活跃用户数量是使用短视频平台的每日活跃用户数量的平均值,能够反映短视频平台的运营情况、用户的黏性。

3)使用频次。使用频次是指使用短视频平台的频率和次数,根据这个数据能够判断出用户对于短视频平台的喜爱程度和对短视频的关注程度。

4）使用时长。使用时长是指该平台程序界面处于前台激活状态的时间，通常以日使用时长为单位。

5）性别分布。性别分布可以反映不同性别的用户对于短视频的关注和喜爱程度。

6）年龄分布。年龄分布可以反映不同年龄的用户对短视频的偏好和认知程度。

7）地域分布。地域分布可以通过不同省、市或地区的用户规模，反映用户的文化程度和对短视频的审美偏好等。

8）活跃度分布。活跃度分布可以反映用户的黏性，分析用户的活跃度可以按一天24小时进行数据统计，也可以根据工作时间和节假日的不同时间段进行数据统计。

（3）整理用户画像。在归纳了用户的特征属性后，就可以将这些信息整理成一个完整的短视频用户画像。这里的用户画像其实就是根据用户的属性、习惯、偏好和行为等信息抽象描述出来的标签化用户模型。在这个大数据时代，获取用户数据最简单、常用的方法就是通过专业的数据统计网站查看，例如，通过专业的短视频数据统计网站巨量星图、抖查查等查看用户画像。从用户画像信息中推导出用户偏好的短视频内容类型，再针对用户偏好进行选题，可以有效地促进用户增长，提升内容定位的精准度。

（4）推测用户的基本需求。推测用户的基本需求有助于创作出更有吸引力的短视频，提升用户黏性。短视频用户的基本需求主要有以下五种。

1）获取知识技能。用户观看短视频时希望获取一定的知识技能，短视频中如果能够加入实用的知识或技巧，就能够满足用户获取知识技能的需求。

2）获取新闻资讯。通过手机短视频获取的新闻资讯不仅直观、明了，而且比图文内容生动、方便。

3）休闲娱乐。娱乐性是短视频这个大众传播媒介的主要属性之一，获取娱乐资讯、满足精神消遣也是用户使用短视频的主要目的之一。大部分热门短视频平台发展较快的一大原因是平台上有大量奇趣精美的视频内容，满足了用户的娱乐需求。

4）满足自身渴望，提升自我的归属感。短视频由于自身表达方式更具体直观、生动形象，除社交外还可以满足用户对某种事物或行为的愿望和期望。短视频涵盖各方面的内容，具备发布、评论、点赞和分享等社交功能，在满足用户自身渴望的同时，还能提升用户的自我认同和归属感。

5）寻求指导消费。短视频已经成为电商推广和销售商品的主要渠道之一，而通过观看短视频来指导自己的购物也成了一种新的用户需求。用户可以通过短视频"达人"的推荐及短视频内容的介绍，对一些商品的基本信息、优惠信息及购买价值等内容有一个基本的了解，从而决定是否进行消费。

2. 确定短视频的风格

短视频的风格是影响短视频受欢迎程度的重要因素，当前比较流行且容易获得用户关注的短视频风格主要有以下几种。

（1）图文拼接。在各大短视频平台中，有许多以图片和文字为主要内容，并辅以BGM 的短视频。这些短视频通常是使用平台自带的视频模板，将自己的照片和文字添加到其中制作而成的，这种短视频的风格称为图文拼接。图文拼接风格短视频的制作十分简单，制作门槛很低。

（2）讲故事。短视频内容中出现有新意、有创意的故事总是能够吸引用户的关注，特别是内容脚本较好，具备正能量且能够引起用户共鸣的系列短视频是当下比较受欢迎的。很多短视频为了提高播放量，通过讲故事的风格来创作内容。

（3）模仿。模仿风格就是模仿其他流行的短视频制作自己的短视频内容。这种风格的短视频由于不需要自己创作内容脚本，只需照搬或稍加改进即可制作，所以被很多短视频新手应用。需要注意的是，要想获得更多用户的关注，短视频内容要在模仿的基础上突出个人特色，形成自己的独特风格和人物标签。

（4）生活 Vlog。记录日常生活的 Vlog 也是目前非常热门的短视频内容风格，特别是记录国外生活的 Vlog，能够吸引大量想了解不同生活方式的用户的关注和播放。

（5）反差。反差是指光线明暗的不同，泛指好坏、优劣和美丑等方面对比的差异，是当下非常流行的一种短视频内容风格。例如，比较流行的换装类短视频，在前期展现普通甚至难看的形象，而后期则展示时尚精致的形象，形成强烈的反差以达到吸引用户关注的目的。另外，还有一些剧情类的短视频，内容为主角通过努力奋斗实现人生反转，因为这种内容设定让用户看了有一种自己也能实现的代入感，容易获得用户的关注。

（6）脱口秀。脱口秀是在抖音等短视频平台中使用较多的短视频内容风格，这种风格的短视频通常以讲坛形式向用户讲解各种知识或灌输正能量，并为用户提供更好的、有价值的内容，吸引到用户的关注和转发，提高短视频的播放量。

3. 确定短视频的形式

短视频的形式是指短视频的拍摄、制作和呈现形式。常见的短视频形式主要有以下几种。

（1）以肢体或语音为主。以肢体或语音为主的短视频是指以声音和肢体作为内容的一个主体展示给用户，以视频画面为另一个主体，例如，被遮挡的面部、手部等。这种形式最显著的特点就是以特殊物体替代脸部作为记忆点，例如，辨识度极高的声音、某种特殊样式的标记等。

（2）以真人为主。以真人为主的短视频形式是目前的主流形式。以真人为主角往往有更大的创作空间，并形成非常深刻的记忆点。而且，主角本人往往也可以获得较大的知名度，成为短视频"达人"，并获得一定的影响力和商业价值。

（3）以虚拟形象为主。以虚拟形象为主的短视频需要专业人员设计虚拟形象，通常会花费较大的人力和时间成本。但这种形式的短视频具有更高的可控性，创作者能够自己控制整条短视频的内容走向、精准表达情绪并直观简要地推动剧情。而且，虚拟形象可以制作得精致可爱，增加用户好感，促使用户观看并关注短视频。

（4）以剪辑内容为主。以剪辑内容为主的短视频是以各种影视剧或综艺节目为基础，通过截取精华看点或情节编辑制作短视频。这种形式的短视频可以起到二次传播、宣传节目、制造话题营销等作用。此类短视频在制作上具有连续性、高频率的特点，不仅节约人力和时间成本，还具备非常大的传播优势。

三、短视频脚本撰写

脚本通常是指表演戏剧、拍摄电影等所依据的底本或书稿的底本，而短视频脚本是介绍短视频的详细内容和具体拍摄工作的说明书。最初的短视频创作通常没有脚本，拍摄也较为随意。后来，随着短视频质量要求越来越高，内容越来越丰富，进一步明确短视频的具体内容和各项具体工作就显得很有必要了，于是为短视频撰写脚本成了一项重要工作。

1. 短视频脚本的写作思路

要想撰写出高质量的短视频脚本，可以按照以下步骤进行。

（1）搭建框架。为短视频脚本搭建框架的目的是提前设计好短视频中的人物和环境之间的联系。也就是说，在确定短视频选题后，就要搭建短视频的内容框架，即确定制作短视频所需要的角色、场景、时间及道具等内容，明确这些内容的作用、使用途径和使用场合等。

（2）确定主线。无论哪种类型的短视频，都应该具备故事主线，东拼西凑制作的短视频经不起推敲，用户也会很快丧失对短视频的兴趣。只有有价值的短视频才能被更多用户接受。创作者要想一个短视频有价值，就需要设定清晰的故事主线，这样才能支撑起想要传达的信息。

（3）设计场景。根据短视频内容确定需要的场景，以及每个场景中的道具、人物等。

（4）把控时间。把控时间时需要注意两个方面：一方面是短视频的时长控制及每个场景的时长控制；另一方面是重要画面的时间安排，例如，将一个精彩的镜头放在短视频开始的 20% 处，以吸引用户继续观看。

2. 撰写提纲脚本和文学脚本

短视频脚本通常分为提纲脚本、分镜头脚本和文学脚本，不同脚本适用于不同类型的短视频内容。分镜头脚本适用于有剧情且故事性强的短视频，脚本中的内容丰富而细致，需要投入较多的精力和时间。提纲脚本和文学脚本则更有个性，对创作的限制不多，能够给摄像留下更大的发挥空间，更适合短视频新手。下面介绍提纲脚本和文学脚本。

（1）提纲脚本。提纲脚本涵盖短视频内容的各个拍摄要点，通常包括对主题、视角、题材形式、风格、画面和节奏的阐述。提纲脚本对拍摄只能起到一定的提示作用，适用于一些不容易提前掌握或预测的内容。在当下主流的短视频创作中，新闻类、旅行类短视频就经常使用提纲脚本。需要注意的是，提纲脚本一般不限制团队成员的工作，可让摄像有较大的发挥空间，对剪辑的指导作用较小。

（2）文学脚本。文学脚本中通常只需要写明短视频中的主角需要做的事情或任务、所说的台词和整条短视频的时间长短等。文学脚本类似电影剧本，以故事开始、发展和结尾为叙述线索。简单地说，文学脚本需要表述清楚故事的人物、事件、地点等。

文学脚本是一个故事的梗概，可以为导演、演员提供帮助，但对摄像和剪辑的工作没有多大的参考价值。常见的教学、评测和营销类短视频就经常采用文学脚本，很多个人短视频创作者和中小型短视频团队为了节约创作时间与资金，也都会采用文学脚本。

四、短视频拍摄

（一）认识拍摄器材和设备

1. 拍摄器材

（1）智能手机。随着科技的不断发展，智能手机成为人们生活中必不可少的设备，许多智能手机自身配备强大的摄影功能，无论是清晰度还是画质效果等，都可以满足人们拍摄短视频的要求。智能手机具有小巧轻便、利于携带、操作方便等优点，能够随走随拍，因此，智能手机成为许多创作者的首选拍摄器材，如图 4-20 所示。

图 4-20　智能手机

（2）数码相机。数码相机是一种利用电子传感器把光学影像转换成电子数据的拍摄器材。它的成像质量比智能手机更高，对于追求高画质的创作者而言，是非常有用的短视频拍摄工具。目前，数码相机有微单、单反和运动相机三种。

1）微单。微单严格地说应该叫作微型可换镜头式单镜头数码相机。其体积小巧，便于携带，镜头可以更换，如图 4-21 所示。

2）单反。单反即单镜头反光式取景相机。它的成像品质足够优秀，可以根据需要切换不同的镜头，能够满足短视频拍摄时的多种需求，如图 4-22 所示。

3）运动相机。运动相机是一种专用于记录动作过程的相机，常用于拍摄运动者的第一视角，适合各种运动类短视频的拍摄。运动相机体积小、质量轻、易携带，支持广角和高清视频录制，被广泛应用于拍摄冲浪、滑雪、极限自行车、跳伞、跑酷等极限运动，如图 4-23 所示。

图 4-21　微型可换镜头式单镜头数码相机　　图 4-22　单镜头反光式取景相机　　图 4-23　运动相机

（3）无人机。无人机航拍是指利用无人机进行空中拍摄和录像的一种技术，具有视角灵活、高清影像、飞行稳定、实时传输、遥控拍摄、高效便捷的特点。行业中应用较多的品牌是大疆，如图 4-24 所示为不同价位的无人机。

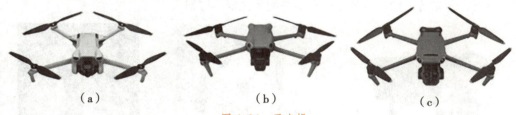

图 4-24　无人机

(a) DJI Mini 3；(b) DJI Air 3；(c) DJI Mavic 3 Pro

（4）录音设备。随着短视频自媒体创作平台火爆崛起，其对于声音的要求越来越高。短视频拍摄同期声录制的硬件设备主要有两种：领夹式麦克风与枪式麦克风。

1）领夹式麦克风。领夹式麦克风采用全指向拾音模式，话筒咪头 360°拾取人声信号，采用腰包式发射器和接收器套装组合，外形设计比较小巧，不受场景和距离限制，如图 4-25 所示。

2）枪式麦克风。枪式麦克风主要采用超心型或心型指向模式，话筒咪头对于正面声源收音指向性极强，而其他方向的声音随着相位不同而出现衰减。其长筒型带槽口的"干涉管"结构，外形类似枪管，造型设计比较独特，适合中近距离收音，如图 4-26 所示。

图 4-25　领夹式麦克风　　　　　　　图 4-26　枪式麦克风

对于短视频拍摄者来说，如果想要拾取一定背景音，枪式麦克风是比较不错的选择；如果想要过滤背景音而只是单纯拾取清晰人声，领夹式麦克风较为合适。

（5）灯光设备。随着短视频及直播的盛行，拍出高质量的画面成了很多人都必须要面对的问题。除拍摄设备本身外，布光是一个非常重要的因素。这就要求我们选择合适的补光灯及配件。

LED 灯光分为 SMD 和 COB 两种封装方式，如图 4-27 所示。COB 将多个 LED 芯片集成在一起，形成均匀的单点发光，亮度也更高。SMD 将多个分立的 LED 贴在灯珠上，形成多点发光。一般专业的摄影补光灯都采用 COB 灯珠做成 COB 影视灯或 LED 常亮补光灯，作为主光灯使用。主流的 COB 摄影灯是 100 W、150 W、200 W、300 W、600 W，如果拍摄空间大，建议选择多个 300 W 灯光。如果房间比较小可以选择多个 150 W 灯光。如果预算充足，可选择双色温。国产摄影灯具品牌主要有神牛、若锐、爱图仕、南光、金贝、永诺等。除灯具外，还需要搭配柔光罩、灯架。

（a）

（b）

（c）

图 4-27　LED 灯光
（a）南光 200 W；（b）神牛补光灯；（c）若锐 350 W

2. 辅助设备

（1）稳定设备。

1）独脚架［图 4-28（a）］。独脚架是用于支撑相机和减少相机抖动的相机配件。独脚架相比三脚架较轻便、易折叠、视角灵活、不受场地限制。使用相机独脚架可以极大地增强摄影体验，在捕捉精彩镜头的同时提供稳定性和灵活性。

2）三脚架［图 4-28（b）］。三脚架对于拍摄最主要的作用是稳定相机，防止拍摄时产生机身抖动而影响拍摄效果。三脚架分为很多种，有适合相机使用的，有适合手机使用的，还有适合放在桌面上拍摄的短三脚架。

3）稳定器。当需要拍摄户外的运动画面，即视频中的人物追逐、骑单车、玩滑板这类镜头时，人物的运动速度比较快，摄影器材要跟随人物运动，稳定器在多个方向安装移动轴，由计算机计算出运动中的晃动方向和晃动距离，再施以反向运动抵消运动过程中的抖动。稳定器主要分为手机稳定器［图 4-28（c）］和相机稳定器［图 4-28（d）］两种。目前，主流的手机稳定器的价格为 600 元左右，相机稳定器的价格为 2 000 元左右，可以根据要求自行采购。

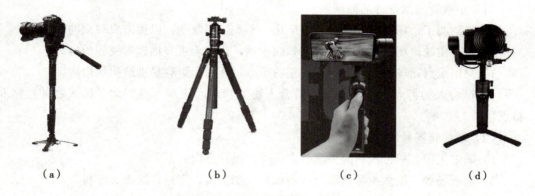

图 4-28 稳定设备
(a) 独脚架；(b) 三脚架；(c) 手机稳定器；(d) 相机稳定器

(2) 配件。

1) 兔笼 [图 4-29 (a)]。微单相机视频拍摄的能力越来越强，很多个人和小型工作室都开始用微单拍视频，此时需要一个配件，来加载拍视频需要的其他配件，如麦克风、补光灯、监视器等，兔笼就应运而生，它既能发挥保护相机的作用，又能给相机周边提供外接其他设备。常用的兔笼品牌有斯莫格、铁头。

2) 无线图传 [图 4-29 (b)]。无线图传常见于各类影视拍摄和无人机图像传输，图传设备一般是将图像和声音传回手机、计算机或其他移动终端，并且可以实现一根Type-C 转接线连计算机直播、监看。常用的无线图传品牌有致讯、猛犸、威固。

3) 监视器 [图 4-29 (c)]。有些相机的显示屏幕不能准确地显示曝光效果、偏色，显色不准确；相机屏幕太小，不好看清细节；相机一般没有翻转功能或翻转的角度不多，这个时候就可以入手有翻转功能的外接监视器，方便拍摄工作的进行。相机监视器的品牌有富威德、百视悦、唯卓仕。

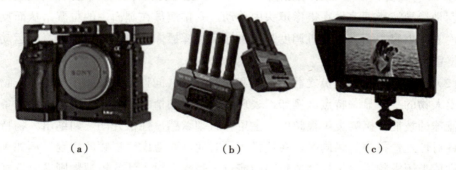

图 4-29 配件
(a) 兔笼；(b) 无线图传；(c) 监视器

3. 场景和道具

在制作短视频时，为了达到较高的视觉效果，可以选取合适的场景、布置道具等手段进行场景设计，其目的是让观众在短时间内更好地理解视频内容，产生情感共鸣。

（1）短视频场景设计的原则。

1）简洁明了。场景设计要尽量简单化，不要过于复杂，以免造成观众的困惑。

2）符合主题。场景设计要符合视频的主题，让观众更好地理解视频内容。

3）突出重点。场景设计要突出视频的重点，让观众更容易理解视频内容。

4）符合人物特点。场景设计要符合人物的特点，让观众更好地了解人物的性格和特点。

（2）短视频场景设计的步骤。

1）确定主题。根据视频的主题确定场景的设计方向。

2）选取场景。根据主题选取合适的场景，如室内、室外、城市、乡村等。

3）布置道具。根据场景需要布置合适的道具，如家具、摆设、装饰品等。

4）确定拍摄角度。根据场景和道具的布置确定拍摄的角度，如俯视、仰视、侧面等。

5）调整光线。根据场景和拍摄角度调整光线。

4. 演员和资金

（1）导演。短视频导演在拍摄过程中的主要工作是把控演员表演、拍摄分镜及现场调度。

1）把控演员表演。短视频的时长较短，所以需要演员在较短的时间内塑造形象、传达情绪和表现主题。很多短视频是由非专业演员出演，因此，为了保证演员能表演到位，需要由导演来把控演员的表演，提升表演质量。

2）拍摄分镜。拍摄分镜的过程通常由设置景别、进行画面构图和运用镜头等步骤组成，有时还需要设置灯光和声效等操作，这些步骤通常需要导演根据脚本的设置来调控和分配，以完成最终的拍摄任务。

3）现场调度。在短视频拍摄过程中，调度主要是指演员调度和摄像机调度两种。演员调度是指导演指挥演员在摄像镜头中移动，安排演员在画面中的位置，从而反映人物性格，表现内容主题。摄像机调度是指由导演指挥摄像调整摄影摄像器材的运动形式、镜头位置和角度等。

（2）演员。在选择演员之前，导演和编剧等应共同讨论短视频脚本中的人物形象，归纳出人物的一些显著特点，例如，表现校园青春剧情的短视频中，男主角具备弹吉他或打篮球的技能；搞笑类短视频中，主角应有幽默感，性格开朗。归纳出人物特点有助于有针对性地选择演员。同时，在选择演员时通常要考虑短视频的主题，例如，表现爱情的剧情类短视频需要选择颜值较高的演员，表现农村生活的短视频则需要选择外表朴实的演员。

（3）预算。在短视频拍摄筹备过程中，预算也是一个需要确定的重要因素。拍摄短视频需要资金的支持。个人短视频创作者确定预算时只需要考虑摄影摄像和剪辑器材成本，以及服装道具成本；而短视频团队则需要准备更多的资金用于购买或租赁器材、场地和道具，以及雇用演员和工作人员，并支付其他人工费用等。下面介绍短视频拍摄所涉及的基本预算项目。

1)器材成本。器材成本包括摄影摄像器材、灯光和录音设备,以及其他器材的购买或租赁费用。

2)道具费用。道具费用主要是指用于布置短视频拍摄场景所需的道具、服装和化妆品的购买及租赁费用。

3)场地租金。一些拍摄场地需要支付租金才能使用,如摄影棚的租赁费用通常是按天计算,这在短视频制作成本中占据很大的比例。

4)后期制作费用。后期制作费用主要包括视频画面的剪辑、调色和特效制作,声音的剪辑、补录和混录,以及添加音效等工作所产生的费用。

5)人员劳务费用。人员劳务费用是指拍摄短视频所涉及的所有工作人员和演职人员产生的劳动报酬。

6)办公费用。办公费用主要是指撰写短视频脚本、拍摄和运营过程中购买或租赁办公设备及材料所产生的费用,包括打印纸、笔、文件夹和信封等。

7)交通费。交通费是指在筹备、拍摄和运营期间,所有工作人员租车、打车、乘坐公共交通工具所产生的费用,以及油费和过路费等。

8)餐饮费。餐饮费是指短视频拍摄过程中所有工作人员的餐饮费用。

9)住宿费。住宿费是指短视频拍摄过程中所有工作人员租住宾馆或旅店所产生的费用。

(二)了解各种景别

景别是指拍摄器材与被摄主体由于距离不同,在画面中所呈现出的范围大小的区别。景别可分为远景、全景、中景、近景和特写五种。

1. 远景

远景视野深远、宽阔,主要用于表现地理环境、自然风貌、开阔宏大的场景等,如图4-30所示。远景相当于从较远的距离观看景物和人物,画面能包容广大的空间,人物在画面中显得较小,背景占主要空间,给人以广阔、宏大的感觉。远景适用于展现辽阔的大自然、宏伟的建筑群、盛大的活动场面,以及室内的整体布局等。

图4-30 远景

2. 全景

全景可以用来表现场景的全貌与人物的全身动作。与远景相比,全景突出的是画面主体的全部面貌,整个画面会有一个比较明确的视觉中心,能够全面展示人物与环境之间的密切关系。换句话说,全景画面需要有一个主体,该主体可以是人物,可以是景物,也可以是人物和景物的组合。

在拍摄以人物为主体的画面时,全景可包含整个人物的形貌,它既不像远景那样由于细节过小而无法仔细辨认人物,也不会像中景、近景那样不能展示人物全身的形态动作。全景在叙事、抒情和阐述人物与环境的关系等方面可以起到独特的作用。全景画面如图 4-31 所示。

3. 中景

中景主要用于表现人与人、人与物、物与物之间的关系。在人物拍摄中通常是表现膝盖以上的范围,着重反映人物的动作、姿态等信息。

和全景相比,中景着重表现人物的上身动作,如图 4-32 所示。中景是叙事功能最强的一种景别。

图 4-31　全景

图 4-32　中景

4. 近景

近景可以表现被摄主体局部的对比关系。在拍摄人物时,通常表现人物胸部以上的神态细节,从而呈现人物的细微动作,展现人物的感情流露,让人物在用户眼中形成鲜明、深刻的印象,有助于刻画人物性格。

近景中的环境占据次要的地位,画面中的内容简洁,且一般只有一位近景人物作为画面主体,这样才有利于表现人物的表情,如图 4-33 所示。

5. 特写

特写主要用于表现人物的关键点,通过放大局部的细节来揭示主体的本质。特写中的景物比较单一,直奔主题,让被摄主体充满画面,如图 4-34 所示。特写画面可以起到提示信息、营造悬念、刻画人物内心活动等作用。特写画面的细节最突出,能够更好地表现被摄主体的线条、质感、色彩等特征。

图 4-33　近景

图 4-34　特写

（三）短视频构图方式

构图是将现实生活中的三维立体世界，利用镜头再现在二维屏幕上，通过对镜头内景物的搭配与对光线的运用，画面起到突出主体、聚焦视线、适度美化的作用。

1. 短视频构图三要素

良好的视频构图技术能够更好地展现主体，突出视觉重点，使画面更有层次感。想要拍摄出高质量的短视频画面，需要依据以下三个要素进行构图。

（1）主体（人/物）。主体是拍摄中关注的主要对象，是画面的主要组成部分。点、线、面都能成为画面的主体。主体作为构图的行为中心，画面中的各种元素都围绕其展开。同时，主体也常用于表达内容、构建画面，常有画龙点睛之意，因为当主体存在于画面中的关键位置时，能够使画面更加传神。例如，一个画面是金黄色麦田中有一位正在收割麦子的、穿着红色衣服的农妇，在这个画面中，穿着红色衣服的农妇是主体，她的出现使整个金黄色麦田更加生动。

（2）陪体（人/物）。陪体是和主体有情节联系的次要表现对象。陪体可以丰富画面、渲染氛围，对主体起到解释、限定、说明、衬托等作用。适当地运用陪体，有利于精准地呈现画面。陪体不是必须存在的，需根据实际画面情况确定是否设置陪体。

（3）环境（前景/中景/背景）。环境是主体周围的人物、景物和空间，是画面的重要组成部分。环境主要可分为前景、中景、背景。环境的作用是交代人物、事物、事件的存在，以及交代地点、时间、空间。环境可用于营造画面气氛和意境，并渲染整体氛围。

除此之外，环境要素中还有一项非构图术语，它来自传统绘画理论——"留白"。在构图时也可以采用留白的方式，达到"虚实相生"的意境。例如，拍摄人物在海边的画面时，可以将远处的大海和蓝天作为留白，使整个画面更具审美价值。

2. 八种常用的短视频构图方法

运用好构图方法能够正确处理画面中主体、陪体和环境三者之间的关系。选择恰当的拍摄角度和方位，突出被摄主体，可使画面看起来更加协调。常用的短视频构图方法有以下八种。

（1）中心构图——突出重点，明确主体。中心构图是将被摄主体放在画面中心进行拍摄的一种构图方法，如图4-35所示。中心构图主要具有两大优势：一是能更好地突出主题，让人一眼就能看出短视频的重点，更好地传递信息；二是构图简练，容易让画面达到左右平衡的效果。

（2）前景构图——丰富画面，层次分明。前景构图是指在被摄主体前放置一些道具，即利用被摄主体与镜头之间的景物进行构图，如图4-36所示。前景构图可以增强短视频画面的层次感，在展现被摄主体的同时丰富画面。前景构图又可分为两种，一种是将被摄主体作为前景进行拍摄，另一种是将被摄主体以外的事物作为前景进行拍摄。

图4-35 中心构图　　　　　　　　图4-36 前景构图

（3）三分线构图——平衡协调，增强美感。三分线构图是指将画面横向或纵向均分为三部分，拍摄时将被摄主体放在三分线的某一位置上进行构图取景，如图4-37所示。其最大的优势是在突出被摄主体的同时让画面更加美观，且简单易学。

（4）透视构图——立体感强，延伸成点。透视构图是指画面中的某一条线或某几条线由近及远延伸，如图4-38所示。透视构图一般可分为两类：一类是单边透视，即拍摄画面中只有一边带有由近及远形成延伸感的线条；另一类是双边透视，即画面两边都带有由近及远形成延伸感的线条。

图4-37 三分线构图　　　　　　　　图4-38 透视构图

（5）黄金分割构图——观感舒适，独具美感。黄金分割构图的原理来自古希腊数学家毕达哥拉斯发现的黄金分割定律。该定律是指一条线段的较长部分的长度与全长的比值等于较短部分的长度与较长部分的长度的比值，且这个比值约等于 0.618。其公式为：较长部分的长度 / 全长 = 较短部分的长度 / 较长部分的长度 ≈ 0.618。

这个比例被誉为世界上最完美的比例。利用黄金分割定律来构图，可以让拍摄出来的短视频观感舒适，独具美感，如图 4-39 所示。

（6）九宫格构图——画面均衡，自然生动。九宫格构图又称井字形构图，它是黄金分割构图的简化版。在构图时，将画面的 4 条边分别 3 等分，形成"井"字，即九宫格形状，其中的交叉点称为"趣味中心"，如图 4-40 所示。将被摄主体放置在趣味中心能够使拍摄的画面更加协调。优质的九宫格构图，通常能够使画面中的多个物体都处于趣味中心上，使各事物在整体画面中完美融合。

图 4-39　黄金分割构图

图 4-40　九宫格构图

（7）框架构图——聚焦注意，营造神秘。框架构图是利用画面中的框架物体将被摄主体框起来，如图 4-41 所示。这种构图方式能够使人的注意力聚焦在框内的事物上，产生一种窥视的感觉，让短视频画面更具神秘感。

需要注意的是，框架并不一定是方形，而可以是任何形状。在拍摄短视频时，可以利用门框、窗框，或临时搭建的框架结构，体现出框架构图的效果。

（8）圆形构图——规整唯美或不拘一格。圆形构图是指利用画面中出现的圆形进行构图，如图 4-42 所示。这种构图方法可分为正圆形构图和椭圆形构图两种形式。这两种圆形构图通常都能增强画面的整体感，打造旋转的视觉效果。

图 4-41　框架构图

图 4-42　圆形构图

其中，利用正圆形构图拍摄出来的画面能给人一种很规整的美感，而利用椭圆形构图拍摄出来的画面则会给人一种不拘一格的视觉感受。

熟练运用以上八种常用的短视频构图方法，能够使普通的拍摄画面更有艺术感和观赏性。在短视频拍摄的过程中，拍摄人员可以灵活地组合使用这些构图方法，让拍摄的画面更有美感。

（四）拍摄角度的设计

当观众观看外界事物时，会有不同的观察角度。同样，摄像师也有各自的拍摄角度，这决定着观众从哪个视点来观看被摄主体，以及怎样认识被摄主体。从构图来说，拍摄角度设计就是摄像师如何选择拍摄方向和拍摄高度。

1. 拍摄方向的设计

拍摄方向是指摄像师以被摄主体为中心，在同一水平平面上改变拍摄角度，形成不同的构图形式。拍摄方向主要包括正面方向、正侧面方向、斜侧面方向和背面方向。不同的拍摄方向具有不同的展现效果，摄像师需要根据拍摄任务合理选择。

（1）正面方向。摄像师从正面方向拍摄被摄主体时，摄像机的镜头位于被摄主体的正前方，观众看到的是被摄主体的正面形象。正面方向拍摄有利于表现被摄主体的正面特征，适合表现人物完整的面部特征和表情动作，使观众产生亲切感。当被摄主体是景物时，有利于表现景物的横线条，营造出稳定、严肃的气氛。正面方向拍摄的缺点是不宜表现被摄主体的空间感和立体感。

（2）正侧面方向。摄像师从正侧面方向拍摄被摄主体时，摄像机镜头与被摄主体的正面成90°角，拍摄的视频画面有利于表现被摄主体的运动方向、运动姿态及轮廓线条，突出被摄主体的强烈动感和特征，还可以表现人物之间的交流、冲突和对抗，强调被摄人物的神情。

（3）斜侧面方向。摄像师从斜侧面方向拍摄被摄主体时，摄像机镜头介于被摄主体的正面和正侧面之间，摄像师从这个方向既可以拍摄被摄主体的正面部分，又可以拍摄被摄主体的侧面部分，是较为常用的拍摄方向之一。在多人场景中，从被摄主体斜侧面拍摄还有利于表现被摄主体、陪体的主次关系，突出被摄主体。

（4）背面方向。摄像师从背面方向拍摄被摄主体时，摄像机镜头位于被摄主体的背后，使观众产生与被摄主体的视线相同的视觉效果。背面方向有时也可用来改变被摄主体、陪体的位置关系。背面方向拍摄可以使观众产生参与感，使被摄主体的视线前后成为画面的重心。很多展示现场的画面经常采用背面方向拍摄，给观众以强烈的现场感，由于观众不能直接看到被摄主体的面部表情，因此能够给观众思考的空间，引起观众的好奇心和兴趣。另外，从背面方向拍摄还可以含蓄地表达人物的内心活动。

2. 拍摄高度的设计

拍摄高度是指摄像机与被摄主体水平线之间的距离，不同的拍摄高度可以产生不同的构图变化。拍摄高度包括平角度、俯角度和仰角度。

（1）平角度。摄像师采用平角度拍摄时，摄像机镜头与被摄主体处于同一水平线上，所拍画面符合观众的观察习惯，具有平稳的效果，是一种"纪实"角度。摄像师采用平角度拍摄，被摄主体不易产生变形，比较适合拍摄人。

（2）俯角度。摄像师采用俯角度拍摄时，摄像机镜头高于被摄主体，摄像师从高向低拍摄，就像人在低头俯视一样。俯角度拍摄可以表现被摄主体正面、侧面和顶面3个面，增强了被摄主体的立体感和平面景物的线条透视。

在俯角度镜头下，离镜头近的景物降低，离镜头远的景物升高，从而展示了开阔的视野，增加了空间深度。在展示场景内的景物层次、规模，表现整体气氛和宏大的气势时，采用俯角度拍摄效果更佳。采用俯角度拍摄人物时，拍摄出来的画面会让观众产生一种被摄人物低微、陷入困境、软弱无力、压抑、低沉的感觉。

（3）仰角度。摄像师采用仰角度拍摄时，摄像机镜头处于人眼（视平线）以下位置，或者低于被摄主体，如图4-43所示。在仰角度镜头下，前景升高、后景降低，有时后景被前景遮挡。采用仰角度拍摄的画面通常被赋予一定的含义，画面中的被摄主体会显得不同凡响，具有威胁性，富有征服感。采用仰角度拍摄垂直线条的被摄主体时，线条向上汇聚，能够产生高大、雄伟的视觉效果。

图4-43 仰角度

（五）短视频光线的设计

拍摄短视频的过程中，光线是影响画面质量的一个十分重要的环境因素，好的布光可以有效提升短视频的画面质量，特别是在拍摄以人物为主的短视频时，多用柔光会增强画面美感。拍摄短视频时，无论使用自然光还是人工光，其目的都是突出拍摄主体，提升画面美感。而在以人物为主体的短视频拍摄中，根据光线对人物拍摄的影响，常用的布光类型可分为主光、辅助光、轮廓光、背光四种。

（1）主光。主光又称塑形光，是刻画人物和表现环境的主要光线。无论其方向如何，都应在各种光线中占主导地位，是视频画面中最引人注目的光线。主光处理会直接影响被摄主体的立体形态和轮廓特征的表现，也影响到画面的基调、光影结构和风格，是摄像师首先要考虑的光线。

主光光源通常位于被摄主体侧前方，并且主光与被摄主体和摄像机之间的连线呈

45°～90°。在拍摄人物时，主光最完美的角度是与被摄主体和摄像机之间的连线呈45°，并以略微高于被摄主体的高度俯射被摄主体。采用这样的主光，会在被摄主体脸部、鼻子侧面与眼睛下方形成一块明显的三角形阴影，使被摄主体的脸部非常具有立体感。

（2）辅助光。辅助光又称副光，是用于补充主光的光线。辅助光一般是无阴影的软光，用于减弱主光造成的生硬、粗糙的阴影，降低受光面和背光面的反差，提高暗部影像的表现力。

辅助光光源通常位于被摄主体的另一侧前方，并且辅助光与被摄主体和摄像机之间的连线呈45°～90°。辅助光的角度不同，在被摄主体脸上呈现的艺术效果也不同，辅助光多需要与主光合理搭配使用。

通常，主光和辅助光的光比（主光和辅助光形成的亮度比值）决定着被摄主体的影调反差，因此，控制和调整主光与辅助光的光比十分重要。主光与辅助光的光比没有固定数值，但需要注意的是，主光的强度一定要比辅助光的强度大，摄像师通常设置的主光与辅助光的光比为2∶1、4∶1等。

（3）轮廓光。轮廓光是照亮被摄主体的头发、肩膀等边缘，将被摄主体和背景分开，增强了视频画面的层次感和纵深感。

轮廓光光源的位置通常位于被摄主体后侧方与主光光源大致相对的位置，并以略高于被摄主体的高度俯射主体。经过柔化的轮廓光不易被肉眼察觉，适用于采访、访谈等纪实类影像的拍摄中；而较硬且较亮的轮廓光则具有艺术化的修饰效果，通常用于音乐短片及某些渲染氛围的剧情片的拍摄。

（4）背光。背光用于照亮拍摄对象周围的环境和背景，可以消除拍摄对象在环境背景上的投影，在一定程度上融合各种光线，形成统一的视频画面基调。拍摄短视频时可以用背光的亮度来调整视频画面的基调，例如，明亮的背光能带给视频画面轻松、温暖和愉快的氛围，阴暗的背光则能为视频画面营造出安静、阴郁和肃穆的气氛。

（六）拍摄镜头运用

镜头是影视剧创作的基本单位，电影或电视剧都是由一个个镜头组成的，短视频同样如此，通过各种镜头的运用组合可以制作出视觉表达丰富的短视频，吸引更多用户的关注。

1. 固定镜头

固定镜头指的是摄像机位置不变、焦距不变的拍摄方式。固定镜头在短视频拍摄中很常见，可用于拍摄动态或静态的事物，展现拍摄物的发展变化情况或状态。总的来看，首先，固定镜头可以展现拍摄现场的环境，引导场景氛围；其次，固定镜头能突出画面中的拍摄物，展现更多细节，能够给用户分析画面细节留出足够的时间；最后，固定镜头能够客观反映拍摄物的运动速度和节奏变化，例如，在拍摄雪景时，固定镜头能使纷飞的雪花和静止不动的房屋形成鲜明的对比，展示雪花飞舞的速度，如图4-44所示。

摄像师如果追求画面构图平稳与普通的透视效果，使用平角度拍摄比较合适。不过，摄像师采用平角度拍摄时，前后景物容易重叠遮挡，难以展现大纵深的景物和空间层次。

图 4-44　固定镜头

2. 推镜头

推是在拍摄对象不动的情况下,摄像机匀速接近并向前推进的拍摄方式,如图 4-45 所示,用这种方式拍摄的视频画面称为推镜头。推镜头的取景范围由大变小,形成较大景别向较小景别连续递进的视觉前移效果,给人一种视点前移、身临其境的感觉。

图 4-45　推镜头

3. 拉镜头

拉是在拍摄对象不动的情况下,摄像机匀速远离并向后拉远的拍摄方式,如图 4-46 所示,用这种方式拍摄的视频画面称为拉镜头。与推镜头正好相反,拉镜头能形成视觉后移效果,且取景范围由小变大,由小景别向大景别变化。

图 4-46　拉镜头

4. 摇镜头

摇是指摄像机位置固定不动，通过相机三脚架上可以活动的云台（也称稳定器）或拍摄者自身旋转身体进行上下或左右摇摆拍摄的一种拍摄方式。图4-47所示为使用从上至下的摇镜头拍摄出来的画面。当无法在单个固定镜头中拍摄出想要拍摄的事物，如沙漠、海洋、草原等宽广、深远的景物，或悬崖峭壁、瀑布、高耸入云的建筑物等较高的对象时，就可以使用摇镜头来逐渐展现事物的全貌。摇镜头除适用于介绍环境外，也适用于拍摄多个主体进行交流的画面，从而建立其联系。

图4-47 摇镜头

5. 移镜头

移是指摄像机在水平方向按照一定的运动轨迹进行移动拍摄，拍摄出来的画面效果类似人们在生活中边走边看的状态。移镜头能使画面中的背景不断变化，呈现出一种流动感，让观众有置身其中的感觉，如图4-48所示。移镜头具有完整、流畅、富于变化的特点，能够开拓视频画面的空间，用于表现大场面、具有纵深感、多景物、多层次的复杂场景，可以表现各种运动条件下被摄主体的视觉艺术效果。

图4-48 移镜头

6. 跟镜头

跟是指摄像机跟随被摄主体移动并进行拍摄的一种摄像方法。这种摄像方法是通过摄像机的运动来记录下被摄主体的姿态、动作等，同时不会干扰被摄主体。它与移镜头最大的差别在于，在跟镜头中，镜头大多与被摄主体保持固定的距离。

跟镜头经常被用于拍摄人物，用于含蓄地表现运动中的人物。在跟镜头中，人物在画面中的位置相对固定，景别也保持不变。这就要求镜头的移动速度与人物的运动速度基本一致，从而保证人物在画面中的位置相对固定，既不会使人物移出画面，也不会出现景别的变化。跟镜头因为是在运动中完成的,难度比较大,稳定是使用跟镜头进行拍摄的关键。图 4-49 所示为使用跟镜头拍摄的大雁飞翔的过程。

图 4-49 跟镜头

7. 甩镜头

甩镜头即扫摇镜头,是指一个画面结束后不停机,镜头通过上下或左右快速移动或旋转,实现从一个被摄主体转向另一个被摄主体的切换。在这个切换的过程中,镜头所拍摄下来的内容会变得模糊不清。这是符合人们视觉习惯的,类似人们在观察一个事物时突然将头转向另一个事物。甩镜头可用于表现内容的突然过渡,也可表现事物、时间、空间的急剧变化,营造人物内心的紧迫感。

8. 环绕镜头

环绕镜头是指用摄像机围绕被摄主体进行 180°或 360°的环绕拍摄,使画面呈现出三维空间效果。环绕镜头是一种难度较大的环拍方式,在使用环绕镜头进行拍摄时,不但需要保证摄像机与被摄主体基本保持等距,还需要在移动摄像机时尽量保持顺畅。而借助无人机,环绕镜头就比较容易实现。无人机可以实现水平环绕、俯拍环绕、近距离环绕和远距离环绕四种形式的航拍环绕镜头。其中,水平环绕即以被摄主体为中心进行环绕拍摄,可以引导观众的视线聚焦于被摄主体;俯拍环绕可以使被摄主体所处的空间得到充分展示;近距离环绕多用于展示打斗场景的运动感和紧张感,也可用来表现人物关系及情绪;远距离环绕可以全方位地展示人物处于孤立无援的处境。

9. 升降镜头

升降镜头是指摄像机借助升降装置,在升降的过程中进行拍摄。其中,升镜头是指镜头向上移动形成俯视拍摄，以显示广阔的画面空间；降镜头是指镜头向下移动形成仰视拍摄，多用于拍摄大场面，以营造气势。总而言之，升降镜头能使镜头画面范围得到扩展和收缩，达到多角度、多方位拍摄的效果。

在实际的短视频拍摄过程中，可以灵活运用以上几种常用的运镜方式，并将其巧妙结合。在一个镜头中同时使用推、拉、摇、移、跟等运镜方式，能够取得丰富多变的画面效果。

五、短视频剪辑

（一）短视频镜头组接的基本原则

镜头组接就是将一个个镜头组合连接起来成为一个整体，又称画面转场。要想做到镜头组接流畅、合理，需要遵循以下七个原则。

1. 各镜头协调统一

各个镜头之间的组接要符合逻辑规律，各段落内的画面亮度和色彩影调应协调统一，画面的清晰度、情节内容等也应保持一致，否则会出现"接不上"的现象。图4-50所示为一组制作奶油咖啡的镜头，其画面的亮度、色彩既协调又统一。

图4-50　一组制作奶油咖啡的镜头

2. 运动镜头接运动镜头，固定镜头接固定镜头

短视频是由各种镜头组成的，包括运动镜头和固定镜头，还可细分为被摄主体运动、陪体静止镜头和被摄主体静止、陪体运动镜头等。运动镜头又可分为摇移镜头、推拉镜头等。在这些镜头的编辑衔接上，一般是运动镜头与运动镜头衔接，固定镜头与固定镜头衔接，以保证画面组接的连贯与流畅。

3. 动静镜头之间用缓冲因素过渡

如果运动镜头接固定镜头或固定镜头接运动镜头，需要用缓冲因素来过渡。缓冲因素是指镜头中被摄主体的动静变化和运动的方向变化，或者活动镜头的起幅、落幅或动静变化等。利用缓冲因素选取剪接点，可以使该镜头与前后镜头保持运动镜头接运动镜头、固定镜头接固定镜头，使镜头的切换自然、流畅。

4. 选好动作剪接点

在展示运动画面时，如果前一镜头中被摄主体在做某一动作，那么后一镜头中应展现被摄主体的动作变化过程，以保证被摄主体的动作连贯和变化自然。例如，前一镜头中被摄主体打开车门并下车，后一镜头中被摄主体关闭车门并离开，如图4-51所示。

图4-51　镜头剪接点

5. 遵循轴线规律

在被摄主体的活动有多种方向时，镜头中要有一个轴线主导，以保证被摄主体方向和位置的统一。这里所说的轴线指的是被摄主体的视线方向、运动方向，以及根据不同被摄主体之间的位置关系所形成的一条假想的直线或曲线。摄像师在拍摄短视频时，无论角度、运动多复杂，都要遵循这一规律，否则就是越轴，越轴很容易让观众产生空间错乱的感觉。在剪辑短视频时，也要遵循轴线规律，才能符合观众的视觉感受。

例如，镜头左边的人，在下一个镜头里还应该出现在镜头左边；同样，镜头右边的人，在下一个镜头里也应该出现在镜头右边，如图4-52所示。若想安排越轴镜头，应插入过渡镜头，如天空、树木、花草镜头等。

图4-52　对话镜头

6. 避免三同镜头直接组接

在组合衔接同一被摄主体的镜头时，前后两个镜头在景别和视角上要有显著的变化，切忌三同镜头（同主体、同景别、同视角）直接组接，否则视频画面无明显变化，会出现令人反感的"跳帧"效果。图4-53所示为通过不同的拍摄角度和景别来展示热气球升空飞行的短视频。

图4-53　热气球升空飞行的短视频

7. 控制镜头组接的时间长度

每个镜头停滞时间的长短，首先要根据表达内容的难易程度、观众的接受能力来决定，其次要考虑构图等因素。由于每个镜头中的被摄主体不同，包含在镜头中的内容也不同。远景、中景等大景别的镜头包含的内容较多，观众要看清楚这些镜头中的内容，所需要的时间就相对长一些；而对于近景、特写等小景别的镜头，其所包含的内容较少，观众在短时间内就能看清，所以镜头停留的时间可以短一些。

（二）短视频剪辑转场设计

在短视频中，转场镜头非常重要，它担负着廓清段落、划分层次、连接场景、转换时空和承上启下的任务。利用合理的转场手法和技巧，既能满足观众的视觉心理，保证观众视觉的连贯性，又可以产生明确的段落变化和层次分明的效果。

1. 无技巧转场

无技巧转场又称直接切换，是指镜头直接相连，在短视频后期剪辑中使用较多。在使用无技巧转场时，多利用上下镜头在内容、造型上的内在关联来连接场景，镜头连接自然，段落过渡流畅，无附加技巧痕迹。在短视频创作中，无技巧转场主要包括以下八种。

（1）切。切又称切换，是运用较多的一种基本镜头转换方式，也是最主要、最常用的镜头组接技巧。

（2）运动转场。运动转场就是借助人、动物或其他一些交通工具作为场景或时空转换的手段。这种转场方式大多强调前后段落的内在关联性，可以通过摄像机运动来完成地点的转换，也可以通过前后镜头中人物、交通工具动作的相似性来转换场景。

（3）相似关联物转场。如果前后镜头具有相同或相似的被摄主体形象，或者其中的被摄主体形状相近、位置重合，在运动方向、速度、色彩等方面具有相似性，摄像师就可以采用这种转场方式来达到视觉连续、转场顺畅的目的。例如，前一个镜头是果农在果园里采摘苹果，后一个镜头是挑选苹果特写。巧妙运用前后镜头中的相似关联物转场，可减少观众的视觉变动元素，符合观众逐步感知事物的规律。

（4）利用特写转场。无论前一个镜头是什么，后一个镜头都可以是特写镜头。特写镜头具有强调画面细节的特点，可以暂时集中观众的注意力，因此，利用特写转场可以在一定程度上弱化时空或段落转换过程中观众的视觉跳动。例如，前一个镜头为高考后孩子母亲咨询教师填报志愿的相关问题，后一个镜头为晚上母子之间关于填报志愿的对话，中间插入了一个风扇转动的特写镜头。

（5）空镜头转场。空镜头转场就是利用景物镜头来过渡，实现间隔转场。景物镜头主要包括以下两类。一类是以景为主、物为陪衬的镜头，如群山、山村全景、田野、天空等镜头，用这类镜头转场既可以展示不同的地理环境、景物风貌，又能表现时间和季节的变化。景物镜头可以弥补叙述性短视频在情绪表达上的不足，为情绪表达提供空间，同时又能使高潮情绪得以缓和、平息，从而转入下一段落。另一类是以物为主、景为陪衬的镜头，如在镜头中飞驰而过的火车、街道上的汽车，以及室内陈设、建筑雕塑等各种静物镜头，一般情况下，摄像师会选择这些镜头作为转场镜头。

（6）主观镜头转场。主观镜头是指与画面中人物视觉方向相同的镜头。利用主观镜头转场，就是按照前后镜头间的逻辑关系来处理镜头转换问题。例如，前一镜头中人物抬头凝望，后一镜头可能就是其所看到的场景，也可能是完全不同的人和物；又如，前一镜头是即将退役的网球运动员看到衣柜上比赛获奖的照片，后一镜头则切换到网球运动员在网球场上比赛的场景。

（7）声音转场。声音转场是指用音乐、音响、解说词、对白等与画面配合实现转场。例如，利用解说词承上启下、贯穿前后镜头，利用声音过渡的和谐性自然转换到下一镜头。

（8）遮挡镜头转场。遮挡镜头是指画面中的主体通过运动遮挡镜头，观众不能分辨物体的性质和形状等，等主体渐渐远离之后，自然地完成场景的转换，有明显的运动感，也能让观众更加感受到流畅的叙事。

2. 技巧转场

技巧转场是一种分割方式的镜头转换，包括渐隐、渐显、叠入、叠出、划入、划出、甩切、虚实互换等转场方式。这类转场主要是通过设计某种效果来实现的，具有明显的过渡痕迹。在短视频创作中，技巧转场主要有以下七种。

（1）渐隐、渐显。渐隐、渐显又称淡出、淡入，渐隐是指画面由正常逐渐暗淡，直到完全消失；渐显是指画面从全黑中逐渐显露，直到十分清晰、明亮。

（2）叠入、叠出。叠入、叠出又称化入、化出，由前一镜头的结束与后一镜头的开始叠在一起，镜头由清楚到重叠、由模糊到清楚，两个镜头的连接融合渐变，给观众以连贯的流畅感。

（3）划入、划出。划入、划出是指前一镜头从某一方向退出，下一镜头从另一方向进入。

（4）甩切。甩切是一种快闪转换镜头，让观众视线跟随快速闪动的画面转移到另一个画面中。在甩切时，画面中呈现出模糊不清的流线，并立即切换到另一个画面，这种转场方式会给观众一种不稳定感。

（5）虚实互换。虚实互换是指利用对焦点的选择，画面中的人物发生清晰与模糊的前后交替变化，形成人物前实后虚或前虚后实的互衬效果，使观众的注意力集中到焦点清晰而突出的形象上，从而实现镜头的转换。虚实交换也可以是整个画面由实变虚，或者由虚变实，前者一般用于段落结束，后者一般用于段落开始。

（6）定格。定格又称静帧，就是对前一段的结尾画面做静态处理，使观众产生瞬间的视觉停顿。定格具有强调的作用，是短视频或影片中常用的一种特殊的转场方法。

（7）多屏画面。多屏画面是指把一个屏幕分为多个画面，可以使双重或多重的短视频同时播放，大大地压缩了短视频的时长。例如，在打电话的场景中，将屏幕一分为二，电话两边的人都显示在屏幕上；打完电话后，打电话的人的镜头没有了，只留下接电话的人的镜头。

（三）常用的短视频编辑工具

借助各类视频后期编辑工具，创作者能够轻松实现短视频的合并与剪辑、视频调速、视频调色、添加字幕、设计音频特效等操作。常用的短视频后期编辑工具，包括移动端常用的短视频编辑工具，以及PC端常用的短视频编辑工具。

1. 移动端常用的短视频编辑工具

移动端常用的视频编辑工具有剪映、快影、巧影、快剪辑、小影、InShot等，如图4-54所示。

剪映　　快影　　巧影　　快剪辑　　小影　　InShot

图4-54　常用的移动端视频编辑工具

（1）剪映。剪映是抖音官方推出的一款移动端视频编辑应用，它具有强大的视频剪辑功能，支持视频变速与倒放，用户使用它可以在短视频中添加音频、识别字幕、添加贴纸、应用滤镜、使用美颜、色度抠图、制作关键帧动画等，而且它提供了非常丰富的曲库和贴纸资源等。即使是视频制作的初学用户，也能利用这款工具制作出自己心仪的短视频作品。

（2）快影。快影是快手旗下的视频编辑工具，用于创作游戏、美食和段子类短视频。快影强大的视频编辑功能，丰富的音乐库、音效库和新式封面，让用户在手机上就能轻松地完成视频编辑工作，制作出令人惊艳的趣味短视频作品。

（3）巧影。巧影作为一款功能全面的短视频处理App，适用于Android系统、谷歌Chrome OS系统和iOS系统，能够为用户提供丰富的视频层、图片层和文字层等，同时拥有精准编辑、一键抠图、多层视频、多层混音、潮流素材、关键帧动画、多倍变速、多种屏幕尺寸、超高分辨率输出等功能。

（4）快剪辑。快剪辑是360旗下的一款功能齐全、操作简单、可以边看边编辑的视频剪辑工具，既有PC端快剪辑，也有移动端快剪辑。快剪辑是抖音、快手、哔哩哔哩、微信朋友圈等平台用户推荐的一款视频剪辑软件，无论是刚入门的新手，还是视频剪辑的高端玩家，快剪辑都能帮助用户快速制作出爆款短视频。

（5）小影。小影是一款全能、简易的移动端视频剪辑App，易于上手，用户使用它可以轻松地对视频进行修剪、变速和配乐等操作，还可以一键生成主题视频。同时，小影还可以为视频添加胶片滤镜，增添字幕、动画贴纸、视频特效、转场及调色，制作画中画、GIF动图等。

（6）InShot。InShot是功能强大、操作简单的视频制作App，它可以进行视频剪辑，具有视频调速、增加音乐/音效和录音、增加动画贴纸、增加滤镜和特效、超级转场、照片编辑和拼图、模糊背景和视频套框等功能。

2. PC端常用的短视频编辑工具

PC端常用的短视频编辑工具有Premiere、After Effects、Edius、会声会影、爱剪辑和 Final Cut Pro，如图 4-55 所示。

Premiere　After Effects　Edius　会声会影　爱剪辑　Final Cut Pro

图 4-55　常用的 PC 端视频编辑工具

（1）Premiere。Premiere 是由 Adobe 公司开发的一款非线性视频编辑软件，它在影视后期、广告制作、电视节目制作等领域有着广泛的应用，同样，它在网络短视频编辑与制作领域也是非常重要的工具。Premiere 具有强大的视频编辑能力，易学且高效，可以充分发挥用户的创造能力和创作自由度。

（2）After Effects。After Effects 是 Adobe 公司推出的一款图形视频处理软件，可以帮助用户高效且精确地创建引人注目的动态图形和令人震撼的视频。利用与其他 Adobe 软件的紧密集成和高度灵活的 2D 及 3D 合成，以及数百种预设的效果和动画，After Effects 可以为视频增添更好的视觉效果，主要应用于动态影像设计、媒体包装和视觉特效。

（3）Edius。Edius 是一款出色的非线性编辑软件，专为满足广播电视和后期制作环境的需要而设计，提供了实时、多轨道、多格式混编、合成、色键、字幕和时间线输出功能，用户利用 Edius 制作的视频能够达到 1 080 P 或 4 K 数字电影分辨率。同时，Edius 支持所有主流编解码器的源码编辑，甚至当不同的编码格式在时间线上混编时都无须转码。

（4）会声会影。会声会影是一款功能强大的视频处理软件，具有图像抓取和编修功能，它可以抓取、转换 MV、DV、V8、TV 和实时记录抓取画面文件，并为用户提供了 100 多种编辑功能。它拥有上百种滤镜、转场特效及标题样式，操作简单且功能全面，能够让用户快速上手，适合视频编辑初学者使用。

（5）爱剪辑。爱剪辑是一款简单实用、功能强大的视频剪辑软件，用户可以根据自己的需求自由地拼接和剪辑视频，创新的人性化界面是根据用户的使用习惯、功能需求与审美特点进行设计的。爱剪辑支持为视频添加字幕、调色、添加相框等齐全的剪辑功能，而且具有诸多创新功能和影院级特效。

（6）Final Cut Pro。Final Cut Pro 是 macOS 平台上的一款视频剪辑软件，它支持创新的视频编辑，拥有强大的媒体整理、集成的音频编辑和直观的调色功能，能够让用户导入、剪辑并传输单视场和立体视场的 360°全景视频，能够带给用户非凡的视频创作体验。新版本的 Final Cut Pro X 具有内容自动分析功能，用户载入视频素材后，Final Cut Pro X 可以在用户编辑视频的过程中自动在后台对视频素材进行分析，根据媒体属性标签、摄像机数据、镜头类型，乃至画面中包含的任务数量进行归类整理。

（四）短视频音乐编辑

1. 音乐的选择

画面和声音是一个完整的短视频的重要组成内容。好的背景音乐能够带动观众情绪，提升观感。但是选择合适的背景音乐并不是一件容易的事情，需要根据视频内容、视频节奏来把握。那么如何为短视频挑选背景音乐呢？需要掌握以下几种方法。

（1）确定短视频的主题风格和情感基调。短视频的主题风格和情感基调对选择背景音乐有着较大的影响。如果短视频主题风格是时尚类，那么就要寻找比较炫酷、流行的背景音乐。如果是剧情类短视频，就要根据剧情内容去选择。例如，生活类短视频适合舒缓的、有趣的音乐；悬疑类短视频适合节奏紧张、气氛诡异的音乐。

（2）分析短视频整体节奏。好的短视频作品需要短视频的整体节奏与背景音乐相匹配。因此，短视频的背景音乐需要根据短视频的节奏来选择。在确定音乐之前，可以先对拍摄的短视频素材进行粗剪。粗剪之后，先分析短视频整体节奏，寻找合适的背景音乐，再根据音乐节点来适当调整短视频的节奏。

（3）加入合适的音效。在短视频制作中，音效能够配合剧情发展。音效的主要作用是配合剧情反转、加快或减慢短视频发展节奏，多用于搞笑类短视频中。短视频中常用的音效有"微信消息提示音""惊讶""笑声"等，在寻找音效时可以去专门的音效素材网站寻找。

2. 画面与音频的处理

对于画面与音频的处理，在剪辑过程中要注意以下三点。

（1）画面节奏与音乐节奏匹配。如果画面中的节奏比较舒缓，那么选择快节奏的音乐就会显得非常不搭。如果画面内容的节点和音乐的节点相匹配，就是通常所说的"卡点"，则视频格调清晰、节奏鲜明。能够"卡点"的短视频有较强的代入感，非常有张力。

（2）背景音乐数量适中。短视频时长一般在几秒到几分钟不等。如果短视频画面内容丰富、时长较长，那么只用一种背景音乐就会显得枯燥。因此，要根据短视频时长和内容来决定使用的背景音乐数量。

（3）背景音乐音量适度。要避免出现背景音乐"喧宾夺主"的情况。背景音乐音量过大，不仅会覆盖人声，还会影响观众的观感。

3. 短视频特效的制作

在抖音短视频中添加背景音乐的具体操作步骤如下：

（1）打开抖音 App，点击底部的"+"，如图 4-56 所示。

（2）进入拍摄界面，在上方点击"选择音乐"，如图 4-57 所示。

（3）进入"选择音乐"界面，在"歌单分类"右侧点击"查看全部"，如图 4-58 所示。

（4）进入"歌单分类"界面，点击喜欢的分类，此处以"山水画"为例，如图 4-59 所示。

（5）通过上下滑动屏幕来查看音乐列表，选择要使用的音乐，然后点击右侧的"使用"按钮，如图 4-60 所示，点击"☆"，可以收藏音乐。

（6）在选择音乐时，也可以直接在搜索框中搜索音乐名，如图 4-61 所示。

添加音乐完毕后，还可以剪取音乐和调整音量大小，具体操作步骤如下：

（1）选择音乐文件，点击"剪音乐"按钮，如图 4-62 所示。

图4-56 点击"+"

图4-57 点击"选择音乐"

图4-58 点击"查看全部"

图4-59 点击"山水画"

图4-60 点击"使用"按钮

图4-61 选择音乐

（2）左右滑动声谱以剪取音乐，剪取完成后点击"确定"按钮，如图4-63所示。

（3）在下方点击"音量"选项，调整视频原声与配乐的音量大小，然后点击"确定"按钮。

（五）短视频制作字幕

一些短视频为了加强个性色彩，会使用各地的方言或加快语速制造幽默效果，此时就需要为视频画面添加和制作字幕，以保证所有用户都能理解短视频的内容。短视频制作字幕的具体操作步骤如下：

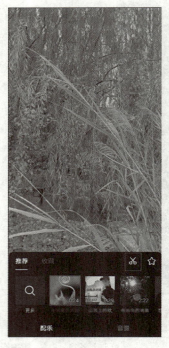

图4-62　点击"剪音乐"按钮　　　　图4-63　剪取音乐

（1）单击Premiere操作界面上方中间的"编辑"标签，然后单击"时间轴"面板左侧工具箱中的"文字工具"按钮，并将时间轴滑块拖拽至时间轴的左端，如图4-64所示。

（2）在"节目"面板中的适当位置单击，输入需要的字幕内容，如图4-65所示。

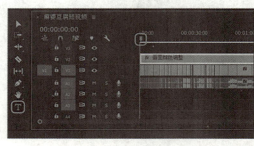

图4-64　"文字工具"按钮　　　　图4-65　输入字幕

（3）在"时间轴"面板中将添加的字幕的时间长度调整为4秒10帧，如图4-66所示。

（4）确保时间轴滑块的位置位于字幕区域，选择字幕，然后执行"窗口"→"效果控件"命令，打开"效果控件"面板，在"源文本"栏下的"字体"下拉列表中选择一种合适的中文字体，并将下方的字号设置为"70"，如图4-67所示。

图 4-66 字幕时间长度调整

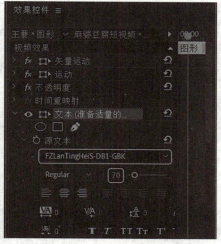
图 4-67 选择合适的字体、字号

（5）勾选"外观"栏中的"描边"复选框，然后单击该参数对应的颜色块，如图 4-68 所示。

（6）打开"拾色器"对话框，将"R""G""B"参数的值分别设置为"255""70""0"，单击"确定"按钮，如图 4-69 所示。

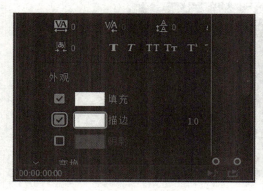
图 4-68 "描边"复选框　　　　　　　　图 4-69 "拾色器"对话框

（7）将描边粗细设置为"12.0"，并将字符间距设置为"50"，如图 4-70 所示。

（8）单击相关按钮，在"节目"面板中拖拽字幕至画面下方的中央位置，如图 4-71 所示。

（9）将时间轴滑块拖拽至下一个字幕出现的位置，按住 Alt 键拖拽字幕至时间轴滑块处，松开 Alt 键完成复制字幕的操作，然后调整复制后字幕的时间长度，如图 4-72 所示。

（10）双击"节目"面板中的字幕，输入新的字幕内容，然后移动字幕，使其在水平方向上位于画面的中央位置，如图 4-73 所示。

（11）按相同的方法为其他视频素材添加对应的字幕内容（配套资源：素材\项目四\麻婆豆腐字幕 .txt），如图 4-74 所示。

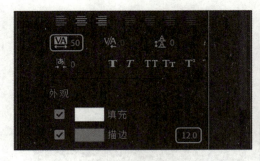

图 4-70 描边设置　　　　　图 4-71 拖拽字幕

图 4-72 拖拽时间轴滑块　　　　　图 4-73 移动字幕

图 4-74 添加对应的字幕内容

📧 工作任务实施

前面已经学习了短视频制作，请按照计划完成课程任务（每完成一项，请在□内打"√"）。

（1）完成短视频制作基础知识认识。　　　　　　　　　　　　　　　　　□

（2）完成短视频脚本编写。　　　　　　　　　　　　　　　　　　　　　□

（3）完成视频素材的拍摄。　　　　　　　　　　　　　　　　　　　　　□

（4）完成视频剪辑。　　　　　　　　　　　　　　　　　　　　　　　　□

（5）请你记录在短视频制作课程任务完成过程中遇到的问题及解决办法。

遇到的问题：
_____
_____
_____
_____
_____

解决办法：
_____
_____
_____
_____
_____

知识梳理

1. 请完成以下内容的填写。

（1）短视频最基本的拍摄设备是_____，辅助器材是_____。

（2）"三灯布光法"的三个灯分别是_____、_____、_____。

（3）景别的定义是_____。

（4）五个景别分别是_____、_____、_____、_____、_____。

2. 请选择正确的选项。

（1）图 4-75 属于（　　）。

图 4-75　（1）题图

A. 近景　　　　　　　B. 特写　　　　　　　C. 全景

（2）图 4-76 属于（　　）。

图 4-76　（2）题图

A. 全景　　　　　　B. 特写　　　　　　C. 远景

（3）图 4-77 属于（　　）法。

图 4-77　（3）题图

A. 中心构图　　　　B. 二分构图　　　　C. 三分构图

（4）图 4-78 属于（　　）法。

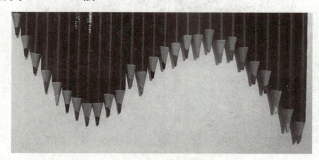

图 4-78　（4）题图

A. 九宫格构图　　　B. 对称构图　　　　C. 引导线构图

（5）图 4-79 属于（　　）法。

图 4-79　（5）题图

A. 九宫格构图　　　　B. 框架构图　　　　　C. 引导线构图

（6）图 4-80 所示的光属于（　　）。

图 4-80　（6）题图

A. 顺光　　　　　　B. 逆光　　　　　　　C. 侧光

（7）图 4-81 所示的光属于（　　）。

图 4-81　（7）题图

A. 脚光　　　　　　B. 逆光　　　　　　　C. 顶光

（8）下面景别中，（　　）景别在短视频中出现的时长最久。

  A. 特写　　　　　　B. 全景　　　　　　C. 远景

（9）拍摄全景时要注意（　　）。

  A. 力求简洁，色调统一

  B. 切不可"顶天立地"，突出主体，防止喧宾夺主

  C. 要删繁就简，从大处着墨

（10）特写主要用于（　　）。

  A. 表现人物全身形象或某一具体场景的全貌镜头

  B. 表现人物膝盖以上部分或场景的局部画面

  C. 拍摄人像面部或某些被拍摄主体细节的画面

（11）下面不属于剪辑视频工具的是（　　）。

  A. Premiere　　　　B. 剪映　　　　　C. 哔哩哔哩

（12）下面不属于短视频脚本的作用的是（　　）。

  A. 提高拍摄效率　　B. 提升作品质量　　C. 延长拍摄时间

3. 写出上课所学到的镜头运动，并写出其拍摄方法。

镜头运动	拍摄方法
例如：跟镜头	镜头跟踪被拍摄主体，方向不定

4. 想要拍摄出一段好的视频，就要有好的脚本创作，接下来就开启你的脚本编写之旅吧。

镜号	景别	画面内容	拍摄场景	时长
例如：1	特写	小朋友在喝牛奶	教室	3秒

评价与总结

一、评价

指标	评价内容	分值	学生自评	小组互评	教师评价	企业评价	客户评价
工作活动探学（30分）	自测题完成情况	10					
	讨论情况	10					
	视频学习情况	10					
课中任务（40分）	短视频策划与拍摄筹备	10					
	短视频脚本撰写	10					
	短视频拍摄	10					
	短视频剪辑	10					
课后拓展（30分）	企业专家满意度	10					
	客户满意度	20					
	合计	100					

二、总结

素质提升	提升	
	欠缺	
知识掌握	掌握	
	欠缺	
能力达成	达成	
	欠缺	
改进措施		

参 考 文 献

［1］邓青. 研学活动课程设计与实施［M］. 北京：高等教育出版社，2022.
［2］占正奎，何青. Mixly 从入门到精通——Arduino 教程［M］. 北京：中国水利水电出版社，2019.
［3］胡畔. Arduino 智能机器人设计与制作：图形化编程与传感器应用［M］. 北京：人民邮电出版社，2023.
［4］王玉鹏，彭琛. SMT 生产实训［M］. 2版. 北京：清华大学出版社，2019.
［5］门宏. 电子元器件识别与检测［M］. 北京：人民邮电出版社，2020.
［6］鹿秀凤，冯建雨. 无人机组装与调试［M］. 北京：机械工业出版社，2019.
［7］Captain（朱松华），王肖一. 无人机摄影与摄像：人像、汽车、夜景、全景、直播、电影航拍全攻略［M］. 北京：化学工业出版社，2021.
［8］冯丽，关善勇，赵彬. 短视频创作与运营［M］. 武汉：华中科技大学出版社，2023.
［9］杨捷，任云花，徐艳玲. 短视频编辑与制作［M］. 北京：航空工业出版社，2021.